인생 쓰고 나면 달고나

인생

쓰고 나면

달고나

권혜린
백소정
손혜미
안지혜
정유진
지 우
해 나

이월오일

1장 다디달고나
인생 속 다디단 순간을 쓰다

하늘을 곁들인 치즈 케이크	11
맛있는 커플	17
보통날	23
1종 보통 면허와 탱크로리	29
매직 타임	37
장미꽃 한 송이	45
작은 틈으로 들어온 행복	51

2장 짜디짜고나
짜디짠 상실의 순간을 쓰다

들를 곳	59
마침표의 의미	67
빗물 젖은 메모지	73
짠내 투어	81
폐허	89
책임 있는 어른이 될 거야	95
이성의 끈	101

3장 쓰디쓰고나
쓰디쓴 무기력의 순간을 쓰다

사과	109
일시 정지가 필요한 순간	117
끝은 새로운 시작임을	123
마음의 무게	133
마음껏 울어도 괜찮아	141
알함브라 유령의 추억	147
함께 자라는 중	155

4장 감칠맛나고나
일상 속 감칠맛 나는 순간을 쓰다

다시 잡은 손	163
매일 듣고 싶은 목소리	169
안녕이란 말의 하루	175
알라딘의 요술 램프	181
혼술, 괜찮네	189
커피 예찬	195
한 스푼의 행복	201
에필로그	206

당신의 오늘은 어떤 맛인가요?

1장

다디달고나

권
혜
린

하늘을 곁들인 치즈 케이크

그런 날이 있다. 누군가 툭 하고 건드리면 바로 울음이 터져 나올 것 같은 날. 깜깜한 터널 같던 고시 생활, 몸과 마음은 이미 너무 지쳐 여기가 한계라고 말해주는 것 같았다. 하지만 눈물 한 방울이 불러올 나비효과를 생각하면 쉽게 울 수도 없었다. 둑이 터지듯 넘쳐흐를 감정이 무서웠던 나는 도망치듯 전화를 걸었다.

"야, 뭐해?"

"뭐 그냥…."

이게 웬걸? 친구의 목소리도 심상치 않다. 말투는 무덤

덤했지만, 12년을 친구로 지낸 우리는 서로의 미세한 변화를 귀신같이 알아챌 수 있다.

"그럼 나와, 놀러 가자."

그렇게 무작정 만나기로 했다. 장소는 아무도 오지 않는 예술의 전당 뒤 공터. 내 손에는 치즈케이크 한 조각이, 친구의 손에는 돗자리가 들려있었다. 약속이라도 한 듯 각자 기분이 풀릴 만한 무언가를 들고 온 모습에 픽 웃음이 샜다. 아니나 다를까 그녀는 공터 한가운데 돗자리를 펴고 드러누웠다.

"아 좋다! 너도 얼른 와서 누워봐."

눈치 보지 않고 자유분방한 성격의 그녀는 늘 이렇게 마음을 풀어주곤 했다. 얼른 오라며 손짓하는 그 태평한 태도에 왠지 모르게 안심이 됐다.

"근데 여기 누워있어도 되나?"

"뭐 어때, 아무도 없어. 그리고 오늘만큼은 자유를 즐겨. 혹시 누가 뭐라고 하면, 그때 치우면 되는 거야."

처음에는 누가 볼까 머뭇거렸지만, 막상 눕고 나니 뭐든 상관없어졌다. 그렇게 누워 가만히 바라본 하늘은 정말 끝이 보이지 않을 정도로 광활해서 뭐 때문에 그렇게 힘들었는지 기억이 나지 않았다. 넓은 세상에 비춰보면 고민은 작아진다. 하지만 세상이 이렇게 넓다는 것을 우리는 종종 까먹는다. 늘 하늘 아래에 있지만, 그 하늘을 똑바로 쳐다본 날은 많지 않듯이.

'이 넓은 우주에 비춰보면 쌀알만큼 작아지는 고민을 붙드느라 삶은 얼마나 좁아진 걸까?'

한참이나 하늘을 바라보다 한 입 푹 떠먹은 치즈케이크는 달았다. 부드러운 치즈 무스가 입안을 감싸고, 달콤함이 퍼졌다. 끝도 없이 펼쳐진 하늘 아래, 가만히 그 맛을 느끼다 보면 걱정마저도 혀끝에서 사라지는 것 같았다. 캐묻지 않는 침묵은 다정하고, 살랑이는 바람은 따뜻해서 문득 이 순간이 아주 오랫동안 기억에 남을 것 같다고 생각했다.

그날 우리는 아이들처럼 유치하게 놀았다. 이제 추억이 되어 버린 고등학교 선생님 성대모사를 하며 웃었고, 10년도 더 된 일로 누가 더 잘못했나를 따지며 옥신각신했다. '만약에 있잖아…'로 시작하는 질문도 끊이지 않았다. 말도 안 되는 상상을 하고, 시시한 장난으로 흘려보내는 시간은 참 달콤했다. 이토록 즐거운 시간 낭비라니!

슬슬 누워있는 것이 지겨워지던 찰나, 벌떡 일어나 발걸음이 닿는 대로 걷기 시작했다. 친구의 흥얼거림에 맞춰 나도 노래를 따라 불렀고, 곧 우리는 누가 먼저랄 것도 없이 열창을 시작했다. 한 명이 노래를 흥얼거리면, 곧잘 다른 한 명이 따라 부르는 식이었다. 우울했던 마음이 익숙한 노랫말을 따라 지워졌다. 어쩌면 삶에 필요한 것은 잠깐 숨 돌릴 여유였을지도 모른다. 고민을 붙들고 씨름하는 것이 아닌, 그곳에서 빠져나오는 것. 그날, 마음 한 자락을 깨끗한 공백으로 비워놓을 이유가 생겼다.

어느새 파랗던 하늘에 붉은 노을빛이 스며들었다. 잠깐의 일탈이 끝나고 곧 돌아가야 한다는 생각에 한숨이 나왔다. 어두워지는 하늘이 미워서 괜히 투정을 부려보았다.

"아, 집 가기 싫다. 이 시간이 영원했으면 좋겠어."

"또 하면 되지. 치즈케이크랑 맑은 하늘만 있으면 되잖아. 별것도 아니구만."

무심하게 툭 던지는 그 말이 꼭 행복이 별거냐는 듯이 느껴져 고개를 끄덕였다. 집으로 돌아가는 길, 발걸음이 무겁지만은 않았다. 할 일은 잔뜩 쌓여 있지만, 도망칠 곳이 생겼으니 말이다.

가끔 힘든 일이 생기면 그날의 치즈케이크가 생각난다. 다시금 그 맛을, 그 기분을 느껴보고 싶어서 똑같은 케이크를 먹어봐도 그 맛이 나지 않는다. 하늘을 곁들인 치즈케이크는 그때뿐이라 그런 걸까? 하지만 그 달콤함을 더 이상 느끼지 못한대도 괜찮다. 그날은 선명한 기억으로 남았기 때문이다.

그런 기억은 꼭 추락 방지망 같다. 오르락내리락하는 삶의 굴곡에서 바닥까지 떨어지지 않도록 꽉 붙들어준다. 따뜻하고 평화로운 기억, 누군가와 울고 웃었던 기억, 사랑으로 마음이 채워지는 기억. 그런 작고 사소한 기억들은 단단하게 나를 감싼다. 안전하니 계속 가도 된다고, 혹시나 삐끗해서 떨어져도 다치지 않는다고 말하며.

오늘도 즐거운 기억 한 자락을 그 그물에 엮어보고자 마음을 열어본다.

지우

맛있는 커플

쉴 새 없이 매미가 울어대는 무더운 여름이었다. 기절할 듯한 더위 속에, 상담실까지 걸어서 다녀왔더니 맥이 툭 빠졌다. 학원에 멍하니 앉아 밍밍한 물을 한 모금 삼켰다. 오늘도 상담실에서 진이 빠지도록 울었다. 상담실만 가면 쉴 새 없이 흐르는 눈물에 나조차도 나를 어쩔 줄 모르겠다.

나는 내가 괜찮은 줄 알았다. 스무 살 무렵 겪었던 아버지의 사업 실패, 그로 인해 짊어진 가장이라는 무게. 그 모든 걸 버텼다. 그런데 삶의 의지처럼 붙잡고 있던 강아지가 세상을 떠났다. 그 순간 나도 함께 무너졌다.

물을 한 모금 더 넘기며 한숨을 푹 쉬는데, 전화가 울렸다. 액정에 뜬 'Go'. 받을까 말까 잠시 망설였다.

"여보세요."

"야, 너 목소리가 왜 그래? 밥 먹자. 내가 그리로 갈게!"

나가기 싫었다. 너무 덥고 지쳤다.

'아, 전화 받지 말 걸…'

후회가 밀려왔지만, 시끄럽게 떠드는 매미 속으로 다시 나갔다. 대로변에 서 있던 내 앞에 택시 한 대가 쓰윽 멈춰 섰다. 하얀 반팔 티셔츠에 청바지를 입은 그가 내렸다.

"너 얼굴이 왜 그래?"

그가 나를 보더니 놀라서 물었다. 그리곤 다시 택시 문을 열고 나를 태웠다.

택시는 역삼동 어느 장어집 앞에서 멈췄다. 가게 안은 사람들로 가득했다. 바글바글한 사람들과 와글와글한 소리, 장어가 구워지는 고소한 냄새가 어지럽게 섞여 정신이 아득해졌다. 늘 혼자 조용히 일하는 나는 이런 북적거림이 익숙하지 않아 멍하니 서 있었다. 그런 내 모습을 본 그가 내 팔을 붙잡아 자리에 앉히더니, 능숙하게 주문까지 마쳤다.

장어를 굽는 그의 손길은 놀라울 정도로 정성스러웠다. 매서운 눈빛으로 장어를 지켜보다가, 노릇하게 익을 타이밍에 딱 맞춰 장어를 뒤집었다. 노릇함이 서서히 갈색으로 변할 때, 통통하고 맛있어 보이는 한 조각을 집어 올리고는 "맛있어져라~" 하면서 불판 위에 한 번 더 구웠다. '나도 저렇게 구워 먹으면 되겠구나.' 하며 젓가락을 불판 위로 뻗는데, 그의 젓가락이 내 앞으로 쑥 들어왔다. 찰나의 순간, 그 통통한 장어 한 조각이 내 밥 위에 얹어졌다.

순간 공기가 멈춘 것 같았다. 살면서 누군가 이렇게 정성껏 내 밥을 챙겨준 적이 있었던가. 나를 위해 무언가를 구워주고, 얹어주고, 많이 먹으라고 토닥여 준 사람은 없었다.

"나… 누가 이렇게 밥 위에 음식 올려준 거 처음이야."

처음 받아보는 대접에 눈물이 찔끔 나려는 걸 참았다.

"넌 대체 어떻게 살았길래 그래? 이런 대접도 못 받아보고."

그의 말에 마음이 울컥했다. 그는 장어 한 마리를 다 먹을 때까지 한 점 한 점 정성스레 구워 내 밥 위에 올려주었다. 처음에는 쑥스럽고 민망해서 "그냥 너 먹어." 따위의 말을 했지만, 금세 익숙해져 척척 잘 받아먹었다. 그 시끄러운 공간에서 마치 우리 둘만 존재하는 듯 그저 따뜻하고 편안했다.

몇 해가 흐른 후, 그가 나를 집으로 초대했다. 주차장에 차를 대고 심호흡을 한 뒤, 문 앞에서 쭈뼛거리며 초인종을 눌렀다.
'집에서 만나는 건 처음인데 어색하면 어떡하지?'
오만가지 생각이 머릿속을 소용돌이치던 순간, 문이 열리고 맛있는 냄새가 확 밀려왔다.
"어서 와! 밥 먹자!"
어제저녁부터 장을 봐 음식을 준비했다고 한다. 바지락을 곱게 다져 전을 굽고, 애호박을 가득 넣은 된장찌개도 끓여 놨다. 자리에 앉자 따뜻한 밥 한 공기가 내 앞에 놓였다. 큰 접시에 수북이 담긴 갈비찜도 식탁 중앙에 놓였다. 이토록 정성껏 차린 밥상을 받아본 건 처음이었다. 게다가 모든 음식이 완벽하게 맛있었다.

나를 위해 이렇게까지 정성껏 음식을 해 줄 수 있는 사람이라면, 나보다 나를 더 잘 돌봐주지 않을까 하는 기대감이 생겼다. 그렇다면 이 사람에게 내 인생을 맡겨볼 수도 있을 듯했다. 여태껏 홀로 짊어졌던 짐을 전부 내려놓을 수는 없지만, 조금쯤은 나눠질 수 있지 않을까 생각했다. 그래서 내가 먼저 말했다.
"우리 결혼하자."

늘 부족하고 버겁던 내 삶이 어느새 맛있는 삶이 됐다. 제철 음식을 외치는 그와 함께 동네 재래시장에서 장을 봐 건강하고 소박한 밥상을 차린다. 음식의 산지를 찾아 여행을 떠나기도 한다. 그를 만나기 전의 나는 허기짐을 달래기 위해 대충 끼니를 때웠다면, 지금의 나는 한 끼 한 끼 정성을 들인다. 나는 그런 내가 마음에 든다.
며칠 전, 그가 맛있는 커피집이 생겼다고 해 함께 나섰다가, 우연히 그때 그 장어집 근처를 지나쳤다.
"우리 예전에 갔던 장어집, 아직 있을까?"
"응? 장어 아니고, 꼼장어였는데."
기억은 가끔 왜곡되기도 한다. 하지만 어떠랴. 그 덕에 우리는 결혼했고 맛있게 잘 살고 있는걸!

해나

보통날

딸랑-. 파란색 나무문 위에 매달린 금빛 종이 경쾌하게 울린다. 카페 안으로 들어서자, 반가운 목소리가 나를 부른다.
"오, 여기야, 여기!"
"오랜만이야!"
자리에 앉아 커피잔을 입술 가까이 대자, 카페에서 흐르던 커피 향이 콧속으로 퍼진다. 캐러멜 마키아토 한 모금이 입속으로 달콤하게 퍼지고, 자연스럽게 서로의 근황 이야기가 오간다.
"넌 애 키우는 거 안 힘들어?"

"몸은 가끔 피곤하지. 그래도 좋은 것 같은데?"

"신기하다. 애 키우는 친구들 다 죽겠다, 피곤하다 그러던데. 너는 좀 달라 보여. 아이가 좀 커서 그런가? 초등학교 어디로 보내?"

아이 이야기로 흐르던 대화 끝자락에, 문득 아이와 함께한 하루하루가 머릿속을 스쳐 지나갔다.

새벽녘, 창문 밖은 아직 어둠이 채 가시지 않았다. 겨울이라 그럴 테다. 아이를 깨워 전날 밤에 챙겨둔 옷을 하나씩 입혔다. 바스락 소리가 나는 은색 패딩, 까끌까끌한 털 때문에 티셔츠 위에 덧입는 회색 니트, 얇은 기모가 들어간 청바지, 그리고 아이와 함께 골라 둔 캐릭터 양말까지. 아이는 비몽사몽인 얼굴로 옷을 입고, 다시 소파에 누워 눈을 감는다. 옆모습을 바라보니, 원래 둥그런 볼이 더 동그랗게 보인다. 아이의 팔과 다리를 가볍게 주무르며 잠을 조금 더 깨워 본다. 아직도 아이의 볼 끝에서는 보송보송한 아기 냄새가 난다. 졸린 아이를 다독여 눈송이만큼 작고 따뜻한 손을 잡고 집을 나선다. 아이는 셔틀버스를 타고 유치원으로, 나는 출근길로 향했다.

직장에서의 하루를 마치고 아이를 데리러 갔다. 마주한 아이는 잠시 숨을 고르더니, 미주알고주알 이야기를 쏟아낸다. 이야기에 잠시 빈틈이 생겼을 때 아이에게 물었다.
"저녁은 뭐 먹을까?"
"고기 먹을래!"
고기 먹을 생각에 신난 아이가 손을 머리 위로 올리고 손끝부터 발끝까지 흐느적거리며 '랄랄라'를 외친다.
"자꾸 그렇게 까불다 넘어진다, 조심해."
"내가 언제 까불었어? 나는 원래 신나, 신나 사람이야!"
길을 지나가는 사람들이 아이를 보고 미소 짓는다. 내 얼굴에도 미소가 번진다. 아이의 사진을 남편에게 카톡으로 전송한다. 아마 남편 얼굴에도 미소가 번졌겠지.

아이가 집에 도착해 숙제를 하고 목욕도 하다 보면 남편이 온다. 아이는 아빠에게 오늘 음악 수업에서 했던 '노래 가사 바꾸기 활동' 이야기를 신나게 전하고, 직접 만든 율동까지 보여준다. 남편과 아이는 누가 더 재밌게 율동을 만드는지 대결을 벌인다. 한바탕 서로 웃기기 대작전이 끝날 즈음, 창밖엔 어느새 달빛이 내린다.

아파트 불이 하나, 둘 사라질 때면 안방 침대 무드 등을

켠다. 잠들기 전이면, 아이와 눈을 맞추고 조용히 이야기를 나눈다.

어느 날, 아이가 말했다.

"엄마, 나는 어른이 되기 싫어."

"왜? 올해 초등학교 가는 것도 신나고, 어른 돼서 하고 싶은 것도 많다고 했잖아."

"어른이 돼서 할머니가 되면 엄마가 없잖아. 엄마는 거북이처럼 오래오래 살았으면 좋겠어."

"사람은 나이가 들면 언젠가는 죽음이 찾아와. 그건 자연스러운 거야. 엄마가 죽으면 슬프겠지만, 그래도 항상 네 마음속에 있을 거야. 구름 위에서 지켜보고 있을게. 잘 지내고 있나."

"구름 위에서 바라만 보는 건 싫어! 얼굴 내밀고 손을 흔들어야 해."

"알았어. 나중에 엄마 없어도, 하늘 올려다보면 되겠다."

"응, 그러면 이제 괜찮아. 양손을 흔들어 줘야 해."

아이의 말에 조용히 웃는다. 아이의 숨소리가 어느새 조용해졌다. 새근새근 잠이 들었다. 나와는 다르게 네모 모양 손톱을 가진 딸. 바짝 깎인 손톱 아래 작고 귀여운

손가락들이 내 손을 꼭 쥔다. 아이는 엄마라는 이유만으로 나를 사랑해 준다.

조건 없는 사랑을 주는 사람이 있다는 것, 조건 없이 사랑해 주는 사람과 무탈하게 하루를 마무리할 수 있다는 것, 보통날 보통의 미소가 존재한다는 것. 나에게 인생의 달콤함이란 블록버스터 영화 속 영웅이 되는 것 혹은 성공한 주인공으로 자리매김하는 것이 아니었다.

인생의 달콤함, 행복이 거창한 것일까? 누군가와 함께하는 보통날의 행복을 느끼는 것, 평범한 하루하루에 감사할 수 있는 마음의 여유를 가지는 것이 행복 아닐까. 둥그런 볼을 자랑하며 활짝 웃는 딸. 그리고 장난기 어린 모습으로 밝게 웃어주는 남편이 함께인 보통날들. 보통날의 동의어는 행복이다.

안
지
혜

1종 보통 면허와 탱크로리

2002년 12월, 1종 보통 운전면허를 땄다. 아빠는 부산과 울산을 출퇴근하는 나를 위해 차를 사줬다. 그런데 수동 변속기 차였다. 수동 차는 생각보다 까다로웠다. 클러치에서 발을 떼면서 액셀을 밟으려는 순간 시동이 잘 꺼졌다. 출퇴근길, 시동이 꺼질 때마다 식은땀이 났고 차를 버리고 가고 싶은 마음이 굴뚝 같았다. 스무 살 갓 지난 여자가 트럭 몰 일이 뭐가 있다고 1종 보통 면허를 땄을까 후회가 밀려왔다.

시동을 꺼뜨리지 않고 운전할 수 있게 되었을 즈음, 아빠는 새로운 일을 시작했다. 2.5톤 탱크로리로 폐유를 사고파는 일이었다. 하루는 아빠가 저녁을 먹자며 삼촌 가게로 오라고 했다. 좋아하는 오징어회와 개불을 먹을 생각에 한달음에 달려갔다. 한 상 가득 차려진 음식을 맛있게 먹고 슬슬 자리에서 일어나려는 찰나, 아빠가 말했다.

"너, 운전 좀 해라."

'아, 이래서 부른 거였구나.'

술이 오른 아빠는 대리운전을 부를 생각이 없어 보였다. 순간 어이없고 황당했지만, 어쩔 수 없이 운전석에 앉았다. 내 차에서 하듯 시동을 걸고, 클러치를 밟으며 기어를 넣었다. 하지만 기어가 들어가지 않았다. 몇 번이나 시도했지만, 소용없었다.

"그걸 왜 못하냐?"

아빠가 짜증을 내며 말했다. 그 말에 부아가 났다.

'내가 왜 이걸 할 줄 알아야 하는 거냐고!'

속에서 불쑥 올라온 말이 목구멍까지 치밀어 올랐다.

아빠는 남아선호 사상과 높은 출산율이 지배적이던 시절에 결혼한 사람치곤 독특한 자녀관을 가지고 있었다.

'딸이든 아들이든 하나만 낳아 잘 키우고 싶다'라는 것. 둘째였던 나는, 엄마로부터 아빠의 자녀관을 들은 후부터 아빠가 멀게 느껴졌다. 아빠는 나의 존재를 바라지 않았고, 언니를 사랑하는 만큼 나를 사랑하지 않는다고 생각했다.

아빠는 성실한 사람이었다. 직장 생활과 자영업을 오가며 누구보다 열심히 돈을 벌었다. 하지만 아쉽게도 버는 만큼 탕진했다. 전업 주부였던 엄마는 늘 불안해했고, 두 사람은 돈 문제로 자주 싸웠다. 나는 싸움의 원인을 막론하고 늘 엄마 편이었다. 엄마의 원망과 하소연을 들으며, 우리가 넉넉하지 못하게 사는 것도 부모가 매일 다투는 것도 모두 아빠 때문이라 여기며 자랐다.

열 살 무렵 어느 날이었다. 아빠는 술에 취해 있었고, 집에는 아빠와 나 둘뿐이었다. 무슨 이유였는지 기억나지 않지만, 아빠가 매를 들었다. 처음 겪는 일이라 무섭고 두려웠다. 떨고 있던 나는 매가 몸에 닿자 집 밖으로 도망쳤고, 골목을 한참 달려 큰 고무대야 뒤에 숨었다. 아빠가 쫓아오지도 않는 데 몇 시간을 그곳에 숨어 있었다. 마음을 졸이며 숨어 있던 그 시간, 아빠에 대한 미움이 커졌고 결국 혼자만의 다짐을 했다.

'다시는 아빠라고 부르지 않을 거야!'

가뜩이나 둘만 있는 것도 어색하고 싫은데, 기어를 못 넣는다며 짜증을 내는 아빠를 보며 화가 단단히 났다.

'안 되는 걸 나보고 어쩌라고.'

하지만 집에 가려면 방법을 찾아야 했다. 궁여지책으로 내가 클러치를 밟으면 옆에서 아빠가 기어를 넣기로 했다. 내가 클러치를 밟으면 아빠가 기어를 넣고, 밟으면 넣고, 밟으면 넣고. 쿵. 짝. 쿵. 짝. 쿵짝. 쿵짝. 기묘한 호흡이 어느 순간 완벽한 호흡으로 바뀌며, 우리는 무사히 집으로 돌아왔다.

그 뒤로도 아빠는 종종 대리운전을 부탁했다. 익숙하지 않은 거대한 탱크로리를 몰면 온몸이 긴장되고 신경이 곤두섰지만, 군말 없이 대리운전을 했다. 그맘때쯤 내 마음이 조금씩 변하고 있었기 때문이다.

탱크로리는 승차감이 매우 나쁘다. 딱딱한 시트, 도로의 작은 굴곡에도 머리가 천장에 닿을 만큼 심한 반동. 한 시간만 몰아도 허리가 지끈하고 팔다리는 뻐근하다.

'아빠는 이런 차를 하루 종일 몰고 다니며 돈을 벌고 있었구나. 새벽부터 저녁 늦게까지 얼마나 고될까.'

나도 직장을 다니면서, 돈 버는 일이 얼마나 힘든지 알게 됐고 일하기 싫어서 아침이 오지 않았으면 하는 순간이 있다는 걸 알게 된 후였다. 가족의 생계를 위해 일하는 가장의 책임감이 얼마나 무겁고 버거울지 어렴풋이 이해되던 때였다.

아빠는 평소 말이 없었고, 우리 사이에는 깊은 대화도 친밀감도 없었다. 그런데 술에 취해 보조석에 앉은 아빠는 꽤 수다스러웠고, 우리는 제법 많은 이야기를 나누었다. 나는 아빠와 집에 가는 그 시간이 더 이상 어색하지도 싫지도 않았다.

또다시 아빠의 대리운전 요청이 왔던 그날은 느낌이 좋았다. 시동을 켜고 클러치를 밟으며 기어를 넣었다.

"어?"

1단이 쏙 들어갔다. 아빠는 어쩌다 성공한 건 아닌지 의아한 표정으로 나를 바라보며, 빨리 다음 기어를 넣어보라는 독려의 눈짓을 보냈다. 1단에서 2단.

"어어?"

우연이 아니었다. 기어가 정확하게 맞아 들어가고 있었다. 아빠의 입가에 미소가 번졌고, 나는 가슴이 두근거렸다. 2단에서 3단. 아빠는 이제 확신에 찬 표정이었다. 나의 손은 거침없이 다음 단계로 나아갔다. 3단에서 4단. 시트에 붙어있던 엉덩이가 들썩이며 클러치를 밟는 다리에 기분 좋은 힘이 실렸다. 마침내 5단. 기어를 넣고 클러치에서 발을 떼며 액셀을 밟는 순간, "부아앙~" 탱크로리가 속도를 내며 달렸다. 그 순간, 아빠는 손뼉을 치고 다리를 쿵쿵 구르며 개구쟁이 남자아이처럼 깔깔깔 웃었다.

"이야! 됐다, 됐어! 잘했다, 잘했어!"

나를 향해 신나게 웃는 아빠를 보며 나도 소리 내어 후련하게 웃었다. 웃음소리로 가득 찬 탱크로리가 덜컹덜컹 힘찬 반동을 일으키며 달려갔다.

"

아빠와 집에 가는 그 시간이
더 이상 어색하지도 싫지도 않았다.

백소정

매직 타임

지끈거리는 관자놀이를 누르며 식장에 들어섰다. 예상보다 멀쩡한 모습을 한 김 선배가 하객들과 인사를 나누고 있었다.

"아휴, 이 원수들. 술 깨고 오느라 고생했다."

어제는 김 선배의 결혼식 전야제였다. 예비 신랑은 언제 이렇게 모이겠냐며 새벽 세 시까지 술을 마시다 돌아갔고, 나와 다른 사람들은 그 후로도 한참을 더 놀았다.

보고만 있어도 숙취가 생길 것 같은 무리 사이로 대학 동아리 사람들이 하나둘 도착했다. 위아래로 열 개 학번이 넘는 선배, 동기, 후배가 뒤섞여 졸업 후의 안부를 주고받았다. 단체 사진을 겨우 찍고 식사를 마치니 누군가가 이대로 집에 가기 아쉽다며 뒤풀이를 하자고 했다. 동네 형은 '내가 술을 또 마시면 개'라고 말하며 손사래를 쳤다. 그 소리는 그를 처음 본 날부터 지금까지 백 번도 넘게 들었기에 모두에게 묵음 처리가 됐다. 술집에서 왁자한 시간을 보내고 개, 아니 동네 형의 원룸으로 시커먼 무리가 밀려들어 갔다.

"와, 저 이불 아직 있네."

"홀아비 냄새나."

"누가 오랬어? 왜 주인 허락도 안 받고 자고 간다고 그래. 홀아비 냄새 난다는 사람은 나가!"

사람이 좋아 동네 형이라 불리는 그의 집은 예전부터 동아리 사람들의 사랑방이었다. 이사를 몇 번이나 했음에도 고전적인 방 구조와 빛바랜 물건은 그대로였다.

배 군이 늘 하던 대로 익숙한 영상을 틀었다. 대학 연극제에 출품하느라 무려 넉 달 동안이나 연습했던 징글징글한 그 공연, 「매직 타임」 영상이었다. 「매직 타임」은 햄릿 공연을 앞둔 배우 간의 미묘한 갈등과, 공연 이후의 소소한 화해를 담은 이야기다. 이 서사는 우리의 시간과 닮아서 애착이 남다를 수밖에 없었다.

"시작해."

"시작했어. 탄생, 그것은 숭고한 작업이며 결정지을 수 없는 무에서의 시작, 화려할지어라."

모니터에서 익숙한 목소리가 흘러나왔다. 천 번은 족히 들었던 「매직 타임」의 첫 대사였다. 화려했던 우리의 시절이 모니터에서 재생되다가 이야기 속에서 피어났다.

"송 연출이 리허설 이틀 전에 무대를 2미터나 확장해달라고 해서, 조감독이랑 동네 형이랑 비 오는 날 뒷산에서 나무해왔잖아."

"본선 공연 때 혁사마가 독배 마시고 처음으로 제대로 쓰러져서 다들 정말 환호했었는데."

성격 파탄 연출이 요구하는 무리한 설정과 개성 강한 배우들의 욕망, 그리고 그 사이에서 새우 등 터지던 스태프의 이야기는 몇 번을 들어도 흥미진진했다. 후일담이랄 것도 없었다. 과정도 결말도 뻔히 아는 내용이었다. 화자에 따라 새롭게 구성된 이야기는 곰국처럼 우리면 우릴수록 진득해졌다. 청춘의 치열함으로 빚은 시간은 복기하는 순간 그 자리에 되살아났다.

그 시절, 마지막 공연을 끝내면 "다시는 연극 하지 말아야지."라는 말이 저절로 튀어나왔다. 그러고는 그 고생을 잊고 또다시 다음 무대를 만들었다. 단세포도 그런 단세포가 없었다. 새로운 공연이 만들어질 때 슬며시 기웃거리다 어느새 대본을 집어 들었고, 첫 대사가 시작되는 순간을 위해 무대 위에서, 무대 뒤에서 보이지 않는 것들과 매일같이 싸웠다. 그렇게 무대를 함께 완성하고 나면, 우리는 하나의 전쟁을 치른 듯 전우가 됐다.

밤이 깊어지자, 몸만 청춘이었던 이들이 하나둘 잠자리에 들었다.

드르렁 드르렁-

정적을 깨는 소리에 눈을 떴다. 방안엔 마치 서라운드 스피커를 틀어둔 듯 사방에서 코 고는 소리가 울려 퍼졌다. 술 냄새와 발냄새가 섞인 묘한 냄새가 코를 찔러댔다. 10평 원룸에서 아홉 명이 테트리스 하듯 구겨져 꿈틀거렸다. 멀리 있는 영이와 배 군은 색이 빠질 대로 빠져 누레진 이불을 서로 덮겠다고 끌어당기고 있었다. 나는 그들을 쳐다보다 '저 이불은 줘도 못 덮겠다'라고 생각하며, 옆에 있던 패딩을 끌어 올렸다. 각자 만 원씩만 내도 모텔방 두 개는 잡을 텐데, 굳이 굳이 여기서 자겠다고 들어온 결과가 이 모양이었다.

'내가 미쳤지. 다시는 이 방에 오지 말아야지.'

다시 쪽잠이라도 자보려고 부스럭거리는데, 옆에서 자던 찌니가 눈을 떴다. 그녀는 이 연극 같은 상황을 둘러보며 말했다.

"지금 이 장면, 이 냄새 모두 오래 기억날 것 같아. 우리가 이렇게 일 년에 한 번씩 만난다고 했을 때, 아흔까지 살아도 60번밖에 못 보잖아. 예전엔 매일 봤었는데. 앞으로 부지런히 만나야겠어."

'찌니야, 60번이 적은 숫자는 아니잖아.'라고 말하고 싶었지만, 그녀의 말은 묘한 설득력이 있었다. 그렇다. 우리는 만나야 했다.

"그러네. 내년엔 송 연출 소원이라는 동강래프팅 하러 가자."

역시 단세포가 맞았다. 이 고생을 하면서도 금세 고통을 잊은 아메바는 다시 만날 약속을 해버렸다.

「매직 타임」이 우리에게 저주를 걸었던 걸까. 방 안 가득 퍼지던 발냄새도, 끝나지 않던 숙취의 아찔함도 모두 마법처럼 지워지고, 우리의 무대와 웃음과 청춘만 쨍하게 남았다. 그리하여 또 고생하고 또 잊고 또 약속하고 또 만나는 아메바의 밤이 끝없이 증식되고 있었다.

이틀간의 결혼식 전야제와 뒤풀이 소동극은 그렇게 막을 내렸다. 그리고 우리는 강원도에서 무슨 일이 벌어질지 짐작도 하지 못한 채 차기작 「단수된 영월 펜션에서 생긴 일」을 기획했다.

"

우리의 웃음과 청춘만
쨍하게 남았다.

정
유
진

장미꽃 한 송이

남편이 생겼다. 일주일 전만 해도 남자친구였던 그가 이제는 남편이 되었다. 신혼여행지로 선택한 곳은 이탈리아 베네치아. 우리에게 특별한 의미가 깃든 곳이다.

우리는 두 손을 꼭 맞잡은 채 산마르코 광장 한가운데 섰다. 선선하면서도 부드러운 바람이 살며시 뺨을 스쳤다. 광장을 가득 메운 사람들 너머, 수백 년의 세월을 품은 건물들이 고요하고도 단단한 존재감을 드러내고 있었다. 유구한 역사 속에서 우리의 시간도 하나가 되어 흘렀다.

6년 전, 그를 처음 본 순간 마음속에 조용한 외침이 울려 퍼졌다.

'잘생겼다…!'

그 한마디가 머릿속을 가득 채운 채, 멍하니 그를 바라보았다. 내 시선을 느낀 걸까, 그도 나를 바라보았고 우리는 눈이 마주쳤다. 그리고 잠시 후, 그가 조심스레 내게 다가와 떨리는 목소리로 말을 건넸다.

"연락처 알려줄 수 있어요?"

순간 머릿속이 새하얘지고 심장이 빠르게 뛰기 시작했다. 예상치 못한 질문에 당황했지만, 최대한 평정심을 유지하려 애썼다.

"네? 아, 네! 여기요."

떨리는 손끝으로 번호를 입력하는 동안 그는 말없이 나를 바라보고 있었다. 짧지만 강렬했던 첫 만남 이후, 나는 자꾸 그를 떠올렸고 핸드폰을 손에 쥔 채 그의 연락을 기다렸다.

지이이잉-

핸드폰 진동 소리에 급히 화면을 열었다. 앞선 마음에 비밀번호를 몇 번이나 틀렸다.

연락을 주고받으며 우리는 조금씩 서로를 알아갔다. 하지만 알면 알수록 멀어지는 기분이었다. 그와 내가 가진 조건 때문이었다. 그를 만나기 전, 나는 반복된 장거리 연애로 지쳐 있었다. 그런데 이럴 수가. 그와 연애를 시작한다면 지금까지 했던 연애 중 가장 먼 거리였다. 충남 서산과 경북 경산, 왕복 10시간. 차가 없는 내가 그가 있는 곳까지 가려면 시내버스를 타고 30분, 지하철을 타고 30분, 그리고 시외버스를 타고 4시간을 달려야 했다. 7살의 나이 차와 더불어 대학생과 직장인이라는 현실적인 벽도 컸다. 나는 다가오는 그에게 선뜻 손을 내밀지 못했다.

그때, 그가 말했다.

"우리, 한 번만 더 만나 봐요."

"좋아요. 한 번 더 봐요."

우리의 만남이 짧은 우연이 될지, 오랜 인연이 될지 알 수 없었지만, 우리는 만나서 결정하기로 했다.

일주일이라는 시간이 흐르고 우리는 다시 만났다. 차 안에서 멋쩍게 인사를 나눈 뒤, 그가 갑자기 차 뒤쪽으로 손을 뻗었다. 돌아온 손에 들린 건 빨간 장미꽃 한 송이와 베네치아의 풍경이 담긴 엽서 한 장이었다. 그의 표정에 긴장한 기색이 역력했다. 로맨틱한 순간에 긴장한 그의 표정을 보니 피식 웃음이 났다. 움켜쥔 장미꽃과 빼곡한 글이 담긴 엽서가 내 마음속 망설임을 덮어버렸다. 나는 그가 내민 장미꽃을 받고야 말았다. 그의 입가에 꽃처럼 환한 미소가 번졌다.

우리는 여느 연인들처럼 알콩달콩과 티격태격을 오가며 소중한 순간을 쌓아갔다. 그 과정에서 장거리 연애에서 피할 수 없는 어려움도 있었다. 직접 만나면 금세 풀릴 일도 전화나 문자로는 오해가 쌓였고, 아플 때나 힘들 때 서로의 옆에서 위로할 수 없어 애가 탔다. 기대고 싶은 순간, 간절히 보고 싶은 순간에도 참아야만 하는 상황이 야속하기도 했다. 하지만 상대의 진심을 알기에 서로가 할 수 있는 최선을 다했다. 쌓인 오해를 풀기 위해 정성을 쏟았고, 보고 싶어 잠 못 이루는 밤엔 전화기를 붙잡고 긴긴 시간을 보냈다. 일상의 사소한 순간들을 나누고, 미래에 대해 이야기하며 함께 꿈을 꾸었다. 내가 불안해할 때마다 그는 확신에 찬 목소리로 말했다.

"유진아, 내가 처음 고백할 때 준 엽서 기억나? 내가 혼자 베네치아 여행 갔을 때 사 왔던 엽서야. 나중에 꼭 너랑 다시 가고 싶은 곳이라서. 그날이 오면 장미꽃 한 송이 주면서 또 한 번 고백할게."

여섯 번의 계절을 지나, 우리의 약속은 찬란하게 피어났다.

"오빠, 우리가 드디어 베네치아에 왔네."

내 말이 끝나자 그는 조용히 한 쪽 무릎을 꿇었다. 손에 쥔 장미꽃 한 송이. 나는 깨달았다. 고백 신호구나! 떨림인지 더위인지 모르게 얼굴이 빨개졌다. 장미 줄기처럼 꼿꼿이 세운 허리, 긴장한 듯 꽃을 움켜쥔 그의 손이 나를 미소 짓게 했다. 나를 올려다보는 그의 눈은 밤보다 깊고, 운을 떼는 입술은 파르르 떨렸다.

"약속 지키게 해줘서 고마워."

순간 광장을 가득 채웠던 소음이 사라지고, 그의 말만 또렷하게 내 마음을 파고들었다. 수많은 사람 속에서 우리 둘만 존재하는 듯했다. 나는 손을 내밀어 꽃을 받았다. 그리고 생각했다. 처음 고백받던 날, 장미꽃을 건네던 그의 손을 잡아주길 잘했다고.

손혜미

작은 틈으로 들어온 행복

주말 저녁, 동네 작은 맥주 가게는 만석이었다. 흥을 돋우는 빠른 음악 소리와 다양한 목소리가 섞여 다소 어수선했다. 하지만 여기 큰 창가 쪽 구석 자리는 빗속에 펼쳐진 우산 속처럼 아늑했다. 나는 몸을 좀 더 앞쪽으로 기울여 대화에 집중했다. 딸 윤아의 이야기가 흥미로웠다.

"외할아버지는 진짜 소확행 그 자체야. 난 외할아버지 그런 점이 정말 좋아. 배워야 해."

열여섯 사춘기 소녀 윤아는 어느새 자라서 타인의 삶을 들여다보고 있었다. 아이의 눈에 어른들은 행복해 보이지 않았다. 오직 단 한 사람, 외할아버지만 예외였다.

"그렇지, 외할아버지는 정말 작은 것에도 감사하는 분이지."

나는 고개를 끄덕이며 생맥주잔을 들어 윤아가 들고 있는 음료 캔에 '짠'하고 부딪쳤다. 나도, 너도, 그리고 우리 모두가 자주 행복하길 바라며.

아빠는 주일이면 교회에 간다. 30년 넘게 운영하던 식당을 코로나로 폐업한 뒤, 한동안 우울증으로 힘들어하던 아빠는 교회를 다니며 조금씩 활기를 찾아갔다. 교회에서 지적장애 아동을 전담해 돌보는데, 나를 만날 때면 어떤 일을 하고 있는지 그 아이는 어땠는지 뿌듯한 얼굴로 이야기하곤 한다. 평일에는 봉사자들과 함께 김밥을 싸서 부산역 앞 노숙인들에게 나누어 준다. 장애인을 위한 구립 헬스장에서 열심히 운동하면서, 노인들과 장애인들에게 운동 기구 다루는 법을 가르쳐 주기도 한다.

아빠는 대가도 없는 일에 시간과 노동을 넘어 열정을 쏟았다. 좁은 공간에서 구부정한 자세로 몇 시간씩 김밥을 마느라 허리 협착증으로 고생할 때도 그 모든 일을 내려놓지 않았다. 아빠는 소아마비로 오른쪽 다리가 불편하다. 그래서 처음 그 많은 일을 한다고 했을 때 가족들 모두 말렸었다. 하지만 아빠의 밝아진 표정과 목소리에 어느 순간부터 아빠를 응원하게 되었다. 아빠는 아빠의 삶 중 가장 행복하고 열정적이며 바쁜 시간을 보내고 있었다.

며칠 전 새해를 맞아 친정에 방문했을 때도 아빠는 집에 없었다. 친정과 거리가 10분 남짓이어도 아빠의 얼굴을 마주할 수 있는 건 주말 오전, 내가 일하는 편의점에서 찰나의 순간이다.

"어서 오세요."

문이 열리는 소리에 습관처럼 인사하며 고개를 들자, 웃음꽃을 가득 피우고 활기차게 걸어오는 아빠가 보였다. 아빠는 나와 눈이 마주치자 손을 만세 하듯 들고 엉덩이를 좌우로 흔들며 춤을 췄다. 그 모습에 웃음이 터졌다. 아빠는 계산대로 와서 익숙하게 카드 리더기에 카드를 꽂았다. 나도 약속한 듯 담배 선반에서 에쎄 수를 찾아 계산대에 놓았다.

"오늘은 맛있는 거 없나?"

아빠의 눈이 그 어느 때보다 기대로 가득 차 초롱초롱하게 빛났다. 나는 판매 시간이 지나 폐기로 나온 샌드위치며 햄버거, 우유 같은 것들을 챙겨드렸다. 그러자 아빠가 손을 번쩍 들며 외쳤다.

"오예~! 감사합니다!"

나는 또 웃음이 터졌다. 오랜만에 보는 아빠를 붙잡고 근황을 물었다. 짧은 대화가 오가고 아빠는 "우리 딸 오늘도 수고해~"라는 인사와 함께 나를 안아 토닥여주었다. 아빠의 손에서 내 등으로 따뜻한 온기가 전해졌다.

문을 나서기 전 아빠는 또 한 번 엉덩이를 좌우로 흔들어 춤을 췄다. 그리곤 편의점 앞에 세워둔 전동차까지 걸어가 내가 챙겨준 음식들을 전동차 뒤편 가방에 정성껏 담았다. 그 투박한 손끝엔 작은 것 하나도 허투루 여기지 않는 다정함이 묻어있다. 누군가에겐 맛없는 음식이고 버려질 음식이겠지만 아빠에게는 소중한 이들과 즐겁게 나눌 유용하고 감사한 것들이었다.

전동차에 올라탄 아빠가 활짝 웃으며 손을 흔들었다. 나는 전동차가 시야에서 사라질 때까지 그 뒷모습을 가만히 마음에 담았다. 아빠의 함박웃음과 행복한 목소리도 함께 담았다. 너무 소중해서 오래오래 기억하고 싶었다.

"날씨 참 좋다."
아빠가 지나간 자리에 파란 하늘과 거리의 풍경이 눈에 들어왔다. 하늘이 구름 한 점 없이 깨끗했다. 이렇게 맑은 날에는 거리의 풍경도 그 색이 선명해서 눈이 부시다. 그 눈부심이 내 마음속 눅눅한 곳에도 닿아 기분이 보송보송해졌다. 가슴에서 아지랑이가 일 듯 마음이 간질거리면서 나도 모르게 미소가 번졌다.

편의점 벽에 걸린 시계를 보니 어느덧 시곗바늘이 10시를 지나고 있었다. 하루 중 내가 가장 좋아하는 시간이다. 정확히는 이 시간의 부산 송정 바다를 사랑한다. 오전 10시쯤의 그 바다는 중천을 향해 떠오르는 태양 빛을 받아 눈이 시리도록 반짝인다. 마치 수천 개의 은빛 조각을 박아놓은 새파란 비단이 바람에 나부끼는 듯하다. 나는 시간 가는 줄 모르고 그 찬란함에 취해있기를 좋아했다. 하지만 이혼 후 생계를 책임지는 가장이 되고, 쉬는 날 없이 일하다 보니 이제는 그 시간의 그 바다를 보기 힘들어졌다.

오늘처럼 하늘이 맑은 날이면 그 바다가 더 그립고 애틋하다. 그럴 때면 언젠가 사진처럼 찍어두었던 기억을 꺼내어 그날의 바다를 펼쳐 놓는다. 내 삶이, 내 시간들이, 내가 사랑하는 사람들이 그렇게 반짝이길 바라면서.

작은 틈 사이로 들어온 행복이 어느새 마음을 가득 채웠다. 그 행복을 나만 품고 있을 수는 없어서 자리로 돌아가 전화기를 들었다. 전화기 너머 엄마의 목소리가 들려왔다.

"엄마, 오늘 점심 같이 먹을까?"

2장

짜디짜고나

백소정

들를 곳

중학교 시절 자주 들렀던 곳이 있다. 꿈과 사랑이 가득 찬 지상 최대의 낙원. 그 이름하여 '코믹 파라다이스'. 그렇다. 만화대여점이다. 낙원의 문을 열고 들어서면 혹하고 풍겨오는 낡은 종이와 잉크가 뒤섞인 냄새가 좋았다. 바코드를 갓 붙인 만화책을 펼칠 땐 설레는 마음에 가슴이 두근거렸다. 만화 속 주인공이 생각지도 못한 선택으로 이야기를 풀어나갈 때면 전율을 느꼈다. 빨간 테이프가 둘린 성인 만화책 코너를 지날 땐 낯부끄러운 제목과 헐벗은 여자들의 그림 사이로 눈을 흘끗거리기도 했다.

무엇보다 좋았던 건 대여점 문을 열 때 카운터에서 건네는 인사였다. 알바생 언니가 환한 미소로 나를 반겨주면 내가 이곳에 계속 머물러도 된다는 승인을 받은 것 같았다. 그녀가 어쩌다 인기 연재물의 신간을 미리 빼놓고 "이제 왔냐."라며 선물처럼 만화책을 건네줄 때는 뛸 듯이 기뻤다. 그건 환대였다. 나를 알아주는 이가 나를 기다리고 있는 곳이 바로 여기, 코믹 파라다이스였다.

어느 순간부터 이곳은 시험을 망쳤을 때, 가족과 싸웠을 때, 그냥 집에 들어가기 싫을 때 잠시 숨을 고를 수 있게 해주는 완충재가 되었다. 마음이 복잡할 때도 기분이 좋을 때도 그렇게 슬쩍 들렀다. 그저 들렀다 가는 곳, 쉼표였던 만화 낙원은 어느새 하루의 마침표가 되었다.

몇 해가 흐른 뒤 만화대여점의 주인이 바뀌었다. 처음엔 낯선 분위기에 출입을 망설였다. 그러다 카운터를 지키던 최와 이야기를 나누며 조금씩 가까워졌고 이내 자주 드나들기 시작했다. 최는 책방을 인수한 주인의 동생이었다. 그는 입대를 앞두고 남은 시간 동안 책방에서 아르바이트를 하고 있었다.

어느 날 대여점에 들어서자, 최가 무거운 표정으로 말했다.

"장사가 영 안 돼서 다음 달에 폐업하기로 했어. 누나가 여기 있는 책들 다 헌책방에 넘긴다고 하더라."

곧 수험생이 될 터라, 서서히 만화대여점에서 멀어지려던 참이었다. 그런데 갑자기 문을 닫는다는 말을 듣는 순간, 마음이 쿵 하고 내려앉았다. 코믹 파라다이스가 이렇게 사라지는 건 상상해 본 적 없었다. 이곳은 언제든 나를 반기며 그대로 머물러 있어야 했다. 그 순간, 수많은 기억이 물밀듯이 밀려왔다. 나의 만화책과 나의 설레는 시간과 나의 알바생 언니들, 그리고 최근에 친해진 최까지.

종종 만화대여점 문을 닫는 시간과 야간 자율학습이 끝나는 시간이 맞으면 최와 근처 분식집에서 만두를 먹었다. 별다른 일 없는 하루를 나누고 나면, 최는 어두운 골목 끝 집 앞까지 나를 데려다주곤 했다. 언젠가부터 야자를 마치고 만화대여점에 들러 나를 반기는 그를 만나는 일이 작은 즐거움으로 자리 잡고 있었다. 그렇게 쌓아온 마음이 한꺼번에 무너지는 순간이었다.

만화대여점 영업 마지막 날이었다. 최가 낑낑대며 들고 온 커다란 검정 비닐봉지 두 개를 집 앞에 털썩 내려놨다. 내가 가장 좋아하던 만화책이었다.『세일러문』,『월광천녀』,『바사라』,『마스카』,『인어공주를 위하여』… 며칠 전 그가 무슨 만화책을 좋아하냐고 물었던 것이 기억났다. 그곳이 사라지는 걸 아쉬워하던 나를 위해, 누나 몰래 책을 빼돌린 거였다. 최의 다정한 도둑질 덕분에 낙원의 아주 작은 조각이 우리 집으로 옮겨왔다. '대여점 코믹 파라다이스'라는 바코드가 붙은 낡은 만화책이, 만화 낙원의 아릿한 흔적이 내 책장 한켠에 화석처럼 남았다.

한동안 코믹 파라다이스 근처를 다닐 수가 없었다. 쳐다보면 눈물이 날 것 같았다. 허한 마음이 달래지지 않았다. 갈 곳을 잃어버리자 공허함이 밀려왔다. 학교와 집을 오가며 무기력한 시간을 온몸으로 받아내던 어느 날, 결국 그곳으로 향했다. 고개를 들어 올려다본 건물엔 간판만 덩그러니 떼어져 있었다. 그제야 실감 났다. 그곳도, 그곳의 사람들도 영영 사라져 버렸다는걸. 최도 그날이 마지막이었다. 핸드폰이 고장 난 그와 끝내 연락이 닿지 않았고, 그는 군대에 가버렸다.

한 달도 채 지나지 않아 새로운 가게가 문을 열었다. 간판엔 '김밥천국'이라는 이름이 붙었다. 만화 낙원 대신 김밥천국이라니. 시대의 변화를 상징하는 것 같았다. 낭만의 시대는 가고 생존의 시대가 도래한 건 아닌가 하는 비장한 생각마저 들었다. 애도하는 마음으로 그곳에 가서 김밥을 먹었다. 맛이 더럽게 없었다. 한때 19금 책장이 있던 자리에서 라면을 끓이는 모습을 보니 못내 서운했다. 낯선 주인과 인사를 하는 것도 어려웠고 초대받지 않은 곳에 괜히 온 것 같은 기분까지 들었다. 더 이상 내게 낙원도, 천국도 존재하지 않았다.

며칠 전 산책을 하다 집 근처 북카페에 갔다. 문을 열고 들어서자, 책방지기가 환하게 인사를 했다. 카페라테 한 잔을 주문하니 따뜻한 물과 작은 비타민 한 알, 그리고 와이파이 비밀번호가 정성스럽게 적힌 쪽지가 나무 쟁반에 담겨 나왔다. 이건 환대였다.

공간을 둘러보자, 전면 책장에 놓인 책들 사이에 꼬마 손님의 그림이 붙어 있었다. 형형색색의 색연필로 그린 삐뚤빼뚤한 책장과 환한 표정으로 웃고 있는 책방지기의 모습이 실제 모습과 퍽 닮아 웃음이 나왔다. 테이블 위에는 그 아이가 썼을 색연필과 손님들이 오고 간 자취가 담긴 방명록이 놓여 있었다. 방명록을 펼쳐 나도 한마디를 끄적였다.

'잘 쉬었다 갑니다. 다음에 또 들를게요.'

"

그저 들렀다 가는 곳, 쉼표였던 그곳은
어느새 하루의 마침표가 되었다.

권
혜
린

마침표의 의미

사랑이 무엇인지도 몰랐던 어린 시절, 문구점에서 500원을 주고 데려온 병아리. 그 따뜻하고 보드라운 생명을 품에 꼭 안고 집으로 가는 길, 설렘으로 부푸는 마음을 안고 조용한 다짐을 건넸다.

'이제는 내가 널 지켜줄게.'

작은 생명 하나가 일상에 스며들었을 뿐인데, 많은 것이 달라졌다. 누가 업어가도 모를 정도로 깊게 자던 나는 아주 작은 소리에도 벌떡 일어나 병아리를 살폈고, 학교가 마치면 곧장 집으로 달려가 그 이름을 불렀다. 하루 종일 삐악거리며 나를 따라다니는 그 존재와 눈을 맞출 때면, 말을 나눌 수는 없어도 마음은 나누고 있다는 것이 느껴졌다. 그럴 때면 마음 한구석에서 알 수 없는 따뜻함이 퍼졌는데, 그 몽글몽글한 기분이 사랑임을 알기까지는 오랜 시간이 걸리지 않았다.

애지중지 키우던 병아리가 많이 자랐을 무렵, 병아리를 마당이 있는 외할머니 댁에 보내기로 했다. 자주 볼 수 없다는 것이 아쉬웠지만, 더 넓은 곳에서 자유롭고 행복하게 살기를 바라는 마음이었다. 하지만 병아리를 맡겨두고 잠시 나갔다가 돌아온 사이, 나를 기다린 건 사고 같은 이별이었다.

"마당에 잠깐 풀어놓은 사이에 들어오던 차에 치여서… 이를 어떡하니."

귓가에 스치는 말을 파악할 새도 없이 잠든 듯 고요히 누워있는 작은 생명체가 눈에 들어왔다. 황급히 달려가 떨리는 손으로 안아 들었지만, 따뜻했던 온기는 더 이상 느껴지지 않았다. 손 위에 남은 건 싸늘한 상실감뿐이었다. 그 차가운 감각에 비명을 지르며 울자, 어른들은 나를 달래기 시작했다.

"울지 말고, 새로 또 키우면 되지. 이걸로 이제 병아리 엄청 많이 데려오면 되겠네!"

이모는 만 원짜리 지폐 한 장을 내 손에 쥐여주며 애써 밝게 말을 건넸다. 하지만 나는 울음을 멈출 수 없었다. 슬퍼할 겨를도 없이 얼른 새로운 것으로 상실을 채우라는 말이 잔인하게 들릴 뿐이었다. 그날, 마당에 구멍을 파 병아리를 묻었다. 내 마음에도 커다란 구멍이 생겼다.

'그만 슬퍼하고 새로운 걸 들여. 이 정도 했으면 됐잖아.'
이모의 말을 잔인하다고 생각했던 나는, 이제 그 말을 스스로에게 건네는 어른으로 컸다. 반복되는 이별 속에서 오랜 시간 아파하는 내가 싫었고, 언제까지 이렇게 앓아야 하나 두려웠다.

어릴 적엔 작은 병아리 하나였지만 자라면서는 오랜 시간 사랑을 나누고 추억을 쌓은 존재들이 떠났다. 평생의 우정을 약속했던 친구는 관계를 끊었고, 사랑했던 연인은 한마디 말로 다시는 볼 수 없는 남이 되었다. 이별의 형태는 다양했지만, 상처는 같았다. 떠나간 사람들을 떠올릴 때면, 병아리를 잃던 날의 싸늘한 감각이 되살아나 추위에 몸을 떨었다.

내가 원하든 원하지 않든 찾아온 이별 앞에서 때로는 애타게 그리워했고 때로는 원망했다. 행복했던 시간으로 돌아가고 싶다가도 다시는 볼 수 없는 사이가 된 걸 생각하면 마음 한구석이 아려왔다. 나를 정말 좋아했다면 그렇게 떠나지 않았을 것이라 생각해 미워하고 싶었지만, 서로가 서로를 떠날 수밖에 없었던 상황이 이해되기도 했다. 마냥 미워할 수도, 또 좋아할 수도 없는 감정의 소용돌이 속에서 모든 추억을 다 지워버렸다. 그리고 다시는 그때의 기억을 떠올리지 않으려 꾹꾹 감정을 눌렀다. 마음속 여린 살이 통째로 뜯겨 나가는 기분은 쉽게 익숙해지지 않았기에 그냥 그렇게 묻어둔 채 새로운 것들로 전부 덮어버리고 있었다.

그렇게 무뎌진 마음으로 살던 어느 날, 서랍을 정리하다 낡은 박스 하나를 발견했다. 그 안에는 한동안 들춰보지 않았던 편지 뭉치가 들어 있었다. 지금은 다시 볼 수 없게 된 사람들이 건넨 편지와 추억이 가득한 사진들. 밀봉된 시간의 흔적을 발견하자 울컥하는 감정에 조용히 숨을 멈췄다.

행복했던 기억과 서로의 진심이 생생하게 담긴 문장들은, 그들 역시 나를 진심으로 사랑했음을 선명하게 보여주고 있었다. 그 시간은 진실했지만, 그럼에도 끝이 날 때가 왔기에 떠났음을 마음 깊이 느끼자 계속해서 눈물이 흘러내렸다. 그 뜨거운 눈물이 상실감에 얼어붙은 마음을 조금씩 녹였다. 이별을 외면해 왔던 나는 그제야 나를 거쳐 간 사람들과 제대로 이별하기 시작했다. 그동안 이별의 순간만을 반복 재생하며 괴로워했던 순간 역시 하나둘 나를 떠나갔다. 상처와 원망, 그리움, 후회가 사라져 깨끗해진 마음은 이별이 그저 마침표였음을 고요히 일러주는 듯했다.

　마침표를 찍기 전까지는 그 의미를 알 수 없었다. 사랑했던 것을 떠나보내고 완전히 이별하고 나서야 그것이 나에게 어떤 의미였는지 비로소 알게 되었다. 누군가는 내게 삶을 껴안는 법을 가르쳐 주었고, 또 다른 누군가는 사랑을 알려 주었다. 지나간 시간 속 함께했기에 빛나는 것들을 잔뜩 받았다. 그 모든 기억은 흔적을 남긴 채 나의 일부가 되었다. 그렇게 온점이 찍힌 사랑의 끝에서 새로운 사랑을 기다린다.

정유진

빗물 젖은 메모지

'천. 운. 고. 시. 텔. 이름은 맞는데, 진짜 여기가 맞나?'

고시원에 처음 도착했을 때, 홈페이지에서 봤던 사진과 전혀 다른 모습에 흠칫했다. 방은 침대 하나, 책상 하나, 캐리어 하나, 사람 한 명만으로 꽉 차 버렸다. 침대에서 발을 뻗으면 책상에 발이 닿았고, 캐리어조차 펼칠 공간이 없었다. 책상 위쪽에는 숨구멍이라 짐작되는 손바닥만 한 크기의 창문이 하나 있었고, 벽은 누렇고 군데군데 얼룩이 있었다. 엄지손가락만 한 바퀴벌레는 덤이었다.

고시원 입실 첫날부터 내 목표는 단 하나, 무조건 합격이었다. 여기서 지내는 동안 눈 딱 감고 나를 지우기로 했다. 내가 좋아하는 모든 것들을 하지 않기로 했다. 맛있는 음식을 먹고, 꾸미고, 사람들과 연락을 주고받고 만나는 일들은 그저 시간 낭비일 뿐이었다.

시간이 아깝다는 이유로 나는 나를 대충 대했다. 끼니는 햇반과 김자반으로 때우고, 헝클어진 머리도 신경 쓰지 않았다. 세수하기도 귀찮았고, 잠옷 차림으로 하루 종일 지내기도 했다. 나를 마주하고 싶지 않아 거울조차 외면했다. 우는 시간도 아까워 눈물이 나려고 하면 모진 말로 나를 몰아붙였다.

'울 시간이 어디 있어? 이거밖에 못 해놓고 눈물이 나니?'
'남들은 벌써 다 했을 텐데 왜 난 이거밖에 못 하지?'
'뭐 했다고 벌써 저녁이야? 난 왜 이 모양이지!'

뾰족한 말들로 나를 찔렀다. 빽빽하게 채운 계획표와 탑처럼 쌓인 문제집을 옆에 두고 쉼 없이 나를 압박했다.

비가 촘촘히 쏟아지던 날이었다. 녹이 슬어 겨우 반쯤 열린 창문 틈새로 빗소리가 새어 들어왔다. 나갈 일 없는 고시원 생활은 날씨에 크게 영향을 받지 않지만, 비 오는 날은 유난히 싫었다. 꿉꿉하고 눅눅한 공기가 스며들어 퉁퉁 불은 벽지는 1평 남짓한 방을 더 좁고 답답하게 만들었다. 벽지에서 배어 나온 습기와 오래된 먼지, 퀴퀴한 냄새가 방 안을 가득 채웠다.

  틈 없이 내리는 비가 꼭 내 상황 같았다. 얼룩진 벽처럼 나도 오염된 것 같았다. 울고 싶었다. 울고 싶은 마음을 억지로 참으려 했지만, 고인 눈물은 흘러내렸다. 도저히 공부를 할 수 없어 잠이라도 자려고 침대에 누웠다. 하지만 한 번 터진 눈물은 멈추지 않았다. 눈물과 콧물로 뒤범벅된 얼굴을 손등으로 닦으며, 눈물이 새어 나오지 않도록 주먹을 꽉 쥐고 눈을 꾹꾹 눌렀다.

  다행히 눈물은 멈췄지만, 잠은 오지 않았다. 끝없이 밀려오는 잡념은 새벽까지 나를 괴롭혔다. 자책과 불안이 머릿속을 가득 메웠고, 그 무게가 몸을 짓누르기 시작했다. 답답함에 눈을 떴을 때, 천장이 나를 향해 점점 내려앉고 있었다. 벽과 벽이 서서히 좁아지며 가슴을 조여 왔다. 발버둥 치며 이불을 걷어차고 몸을 뒤틀었지만, 답답함은 조금도 가시지 않았다. 숨이 막혔다. 숨을 들이마실 수도, 내쉴 수도 없었다. 숨이 멈출 것만 같았다.

'여기서 벗어나야 해.'

방을 뛰쳐나가 고시원 건물 앞에 주저앉았다. 가로등 불빛이 젖은 아스팔트 위로 번지며 희끄무레한 윤곽을 만들어냈다. 가로등 아래 비를 맞으며 앉아 있었다. 아무렇게나 쌓인 쓰레기 봉지와 종이 상자가 보였다. 쓰레기 봉지를 투둑투둑 두드리며 빗물이 봉지 위에 쌓였다. 비에 젖어 무너져 내린 종이 상자처럼 나도 어디서부터 망가진 건지 모를 정도로 흐트러져 있었다. 그제야 내가 보였다. 숨을 쉬기 위해 안간힘을 쓰는 내가.

세차게 내리는 비에 흠뻑 젖은 채 가쁜 숨을 몰아쉬었다. 차가운 빗물이 피부에 닿자 내 몸도 감정도 서서히 식어갔다.

'와… 시원하다!'

땀과 눈물이 뒤범벅돼 짭조름한 얼굴에 빗물이 쏟아졌다. 덕지덕지 붙은 눈물과 콧물 자국이 서서히 씻겨 내려갔다.

쫄딱 젖은 채로 고시원 복도에 섰다. 새벽 세 시, 다른 방에서 새어 나온 불빛들이 보였다. 사각사각 연필 소리, 책 넘기는 소리, 간간이 훌쩍이는 소리가 들렸다. '나만 그런 게 아니구나.' 이상한 안도감이 들었다.

　방으로 돌아와 옷을 갈아입고, 침대 옆에 대충 던져놓은 수건을 집어 들었다. 흠뻑 젖은 머리에서 빗물을 쭉쭉 짜냈다. 비에 푹 젖은 채 다시 이 방으로 돌아온 내가 가엾기도 하고, 웃기기도 했다. 피식 웃음이 새어 나왔다. 묘한 해방감이 밀려왔다. 이 기분을 어딘가에 남겨두고 싶었다. 책상 위 메모지를 급하게 떼어 빠르게 써 내려갔다.

　'비 오는 날의 쌩쑈! 속이 터질 듯 시원하다!'

　눌러온 감정이 한꺼번에 터져 나왔다.

　그날부터 메모지에 내 생각, 감정, 먹고 싶은 음식, 기분, 나에게 하고 싶은 말, 하루 중 즐거웠던 일들을 적어 벽에 붙이기 시작했다. 일상에서 나만의 행복을 찾으며, 그 순간들을 메모지에 담아갔다.

　몸을 쭉 펴고 기지개를 켤 때의 개운함, 좋아하는 노래를 들으며 눈을 감는 순간, 자기 전 행복한 상상, 울다가 웃는 순간, 새 노트의 빳빳한 촉감, 쌓여가는 다 쓴 볼펜, 다 푼 문제집, 반듯하게 쓴 글씨, 노트의 마지막 페이지, 핸드폰 화면에 뜬 엄마 이름, 사진첩 추억 여행, 혼자 먹는 치킨, 필링 가득한 마카롱, 따뜻한 유자차, 새벽의 편의점, 스탠드 불빛, 창에 맺힌 물방울. 얼룩덜룩했던 벽이 어느새 알록달록해졌다.

고시원에서 마지막 날 아침. 침대에 앉아 찬찬히 방을 바라보았다. 작고 낡은 내 방. 여전히 반만 열리는 창문. 그 좁은 틈 사이로 한 줌의 바람이 들어와 공기 속 떠도는 먼지를 살며시 흔들었다. 벽에 붙은 메모지들도 바람에 살랑거렸다. 눈물 젖은 빵 대신 나를 버티게 해 준 빗물 젖은 메모지. 얼룩진 벽에 덕지덕지 묻어 있던 나의 행복을 한참이나 들여다보았다.

"

나의 행복을
한참이나 들여다보았다.

손
혜
미

짠내 투어

공항에서 나오자 야자수가 보였다. 이제야 여행이 실감 났다. 어디선가 불어온 바람이 '어서 와. 제주는 처음이지?'라며 우릴 반기는 듯했다. 이혼 후 아이들과 떠나는 첫 여행이라 모든 것이 새롭게 느껴졌다.

"엄마, 배고파."

그러고 보니 점심시간이 훌쩍 지나있었다.

"그래? 편의점에서 간단하게 삼각김밥 먹을까?"

3박 4일 동안 세 식구가 식비 30만 원으로 버티려면 아끼고 또 아껴야 했다. 아이들 표정이 살짝 찌푸려졌다.

여행 와서 삼각김밥이라니, 아이들에게 미안했다.

"숙소에 짐 내려놓고 나와서 저녁은 고기 먹자!"

그제야 아이들 표정이 밝아졌다. 삼각김밥을 사기 위해 편의점에 들어가자 아이들은 다른 것들에 눈을 돌렸다. 마음 같아서는 과자와 음료수를 하나씩 사주고 싶었지만, 앞으로 일정을 생각하면 100원이라도 아껴야 했다.

"엄마, 나 이 음료수 먹어도 돼?"

2천 원도 안 되는 음료 하나에 마음속에서 갈등이 일었다. 아이는 모르지만, 그 몇천 원이 오늘 하루의 균형을 깨뜨릴 수도 있었다.

"목마를 수도 있으니까 음료수보다 물이 나을 것 같아. 우리 지금은 물만 사자."

아이는 잠깐 아쉬운 얼굴을 하다가 이내 수긍했다. 그 모습에 안도하면서 동시에 가슴이 시렸다. 그렇게 한 끼를 해결하고 숙소로 가는 버스 안에서 흑돼지 맛집을 검색했다. 마침 숙소 근처에 흑돼지로 유명한 식당이 있었다. 메뉴를 보며 대충 계산해 보니 족히 10만 원은 넘을 듯했다. 마음이 착잡했다.

이 여행을 계획하기까지 꼬박 1년이 걸렸다. 이혼 후, 경

제적으로 어려웠기에 여행은 꿈도 꿀 수 없었다. 생활비는 늘 빠듯했고, 주말도 없이 일하다 보니 아이들과 보내는 시간은 턱없이 부족했다. 점점 커가는 아이들을 보며 더 늦기 전에 추억을 만들어야겠다고 생각했다. 조금 무리가 되더라도 여행을 가자고 결심했고, 매달 10만 원씩 모아 100만 원을 만들었다. 마침 저가 항공사에서 저렴하게 나온 항공권이 있어 바로 예약했다. 그렇게 제주도 여행 계획이 세워졌다. 돈이 없어도 바다는 공짜였고 바람은 누구에게나 불어주니까.

하지만 막상 도착하고 보니 막막했다. 12살, 13살 아이 둘을 데리고 대중교통으로 움직이려니 많은 에너지가 필요했다. 여행 경비도 넉넉하지 않은 상황이었다. 좋은 추억을 만들자고 왔는데 아이들에게 괜한 고생만 시키다가 가는 건 아닌지 마음이 무거웠다.

그사이 버스를 타고 무사히 숙소에 도착했다. 우리가 예약한 숙소는 저렴한 게스트 하우스였다. 1층은 펍으로 운영되고 있었는데 영업 준비로 한산한 가게 내부는 이국적인 인테리어로 여행자의 설렘을 자극했다. 도로 쪽으로

난 창문은 위로 모두 들어 올려 개방하고 창틀에 테이블을 얹어두었는데 바깥 풍경을 감상하며 앉아 있기 좋아 보였다. 다소 어색하게 들어선 우리를 까무잡잡한 피부에 모아나 머리 스타일의 여사장이 반겨주었다. 객실과 내일 아침 이곳에서 조식을 먹을 수 있다는 안내를 받고 3층으로 올라갔다. 방 하나에 침대 두 개, 화장대가 전부인 공간은 작지만 깨끗하고 아늑했다.

- 잘 도착했어? 제주도까지 갔는데 흑돼지 먹어줘야지.

짐을 풀고 있는데 친구에게서 문자가 왔다.

- 지금 숙소 도착했어. 안 그래도 식당 검색해 봤는데 너무 비싸더라. 셋이 먹으려면 10만 원은 써야겠던데, 원래 그렇게 비싼가? 애들한테 고기 먹자고 얘기했는데 먹을 수 있을지 모르겠어.

외식이라고는 한 달에 한 번 월급날 대패삼겹살이나 치킨 한 마리 먹는 게 전부였다. 그런 형편에 한 끼 식사에 10만 원은 너무나 큰돈이었다. 그렇다고 아이들에게 고기 말고 다른 것을 먹자는 얘기는 차마 할 수 없었다.

잠시 후 친구에게서 다시 문자가 왔다.

- 너 계좌에 10만 원 보냈으니까 보태서 꼭 흑돼지 먹어.

애들 먹인다고 너 안 먹고 그러지 말고.

친구의 문자에 눈시울이 뜨거워지고 가슴이 먹먹해졌다. 내 형편을 속속들이 아는 친구는 평소에도 나부터 챙기라며 종종 잔소리를 했었다. 그 잔소리에 담긴 진심이 참 따뜻하고 소중했다. 이번 여행을 망설일 때도 할 수 있다며 용기를 준 친구였다. 그렇다고 돈을 받기엔 마음이 불편해서 친구에게 당장 전화를 했다. 무슨 돈을 보내냐며 마음만 받겠다고 실랑이를 벌였다.

"야, 이럴 시간에 그냥 뛰쳐나가서 고기 먹고 놀아. 몇만 원 더 쏟다고 세상 안 무너져! 이게 무슨 시간 낭비야?"

친구의 호통에 웃음과 함께 고마움의 눈물이 터졌다. 감사 인사를 전하고 전화를 끊었다. 친구의 말대로 아이들과 지갑만 챙겨서 뛰쳐나갔다.

"엄마도 좀 먹어."

큰아들 윤성이가 잘 구운 고기 한 점을 내 밥 위에 올려주며 말했다. 흰 쌀밥 위에 하얀 김이 피어오르는 고기 한 점을 가만히 내려다보았다. 그리고 윤성이 얼굴을 올려다보았다. 눈물이 차올라 눈에 힘을 주었다.

"고마워. 너도 많이 먹어."

아이들 고기 한 점이라도 더 먹이려고 밑반찬 위주로 먹고 있었는데 언제부터 눈치채고 있었던 건지, 아이의 섬세함에 마음이 울컥했다. 그 고기 한 점에 지난 걱정과 앞으로 다가올 불안감이 무색해졌다.

친구의 말이 옳았다. 사랑하는 이들과의 소중한 시간을 걱정으로 낭비할 필요가 없었다. 이 여행에, 더 나아가 우리의 인생에 사랑하는 이가 있고 그의 밥 위에 고기 한 점 얹어줄 수 있다면 좀 더 힘을 내어볼 만하지 않은가.

"우리 앞으로 제주도 오면 여기 꼭 오자."

그때도 서로의 밥에 이렇게 고기를 얹어주자.

사람으로 가득 찬 식당의 소음과 맛있는 소리를 내며 익어가는 고기, 모든 것이 참 따뜻하게 느껴졌다.

다음 날 아침, 커튼을 걷어 밖을 살펴보니 소리 없는 비가 촉촉하게 내리고 있었다. 낯선 여행지에 대한 기대감 때문일까. 비 오는 풍경도 아름답게 느껴졌다. 퇴실을 위해 배낭을 챙겨 매고 어제의 그 펍으로 내려갔다. 조식으로 요거트와 시리얼, 과일 몇 가지가 정갈하게 준비되어 있었다. 창문 쪽 테이블에 앉아 풍경을 감상하며 마음도 배도 든든하게 채웠다. 그런데 비가 그칠 기미가 보이지 않았다.

"엄마, 그냥 출발하자."

"그래, 이 정도 비는 맞아도 괜찮아."

아이 둘이 번갈아 가며 말했다. 여행의 특별함일까? 아이들은 하룻밤 사이에 훌쩍 자란 듯했다.

우리 셋은 미리 챙겨 온 우산 하나를 번갈아 쓰며 빗속을 걸었다. 발끝이 질척였지만 마음은 이상하리만치 가벼웠다. 어제의 계산기 소리도, 오늘의 빈 지갑도 잠시나마 잊었다. 비를 맞으며 신난 아이들을 보며 생각했다. 이 여행은 부족하지만, 어쩌면 그래서 더 완전한지도 모른다고.

해
나

폐허

철썩 부서지는 파도 소리, 갈매기의 끼룩거리는 소리가 귓가에 스치는 바닷가 민박집. 돈이 많지 않은 대학생 신분이라, MT를 위해 작은 방 두 개를 겨우 빌렸다. 각종 술자리 게임과 함께 술잔 기울이는 소리가 옅어질 때, 밤하늘도 인디고 색으로 물들었다.

    동이 터도 소리가 나지 않건만, 자다가 불현듯 아침을 느꼈다. 모두가 잠든 것을 확인하고, 길은 확인하지 않은 채 슬리퍼를 끌고 밖으로 나왔다. 아무도 우산을 쓰지 않았는데 내 얼굴에는 비가 잔뜩 내렸다. 눈물이었다.

월세가 밀렸다며 찾아온 집주인과 힘들어하는 부모님의 얼굴이 떠올랐다. 나 혼자만 즐겁게 지낸 것 같았다. 불필요한 혹은 당연한 종류의 죄책감이 마음에 스쳤다. 울 상황도 아닌데 집안일에 혼자 감정 이입해 새벽부터 우는 꼬락서니라니. 영원히 숨기고 싶은 순간이었다. 자는 동안 술이 깬 줄 알았는데 아직 취해있었나 보다.

 숙소 근처 바다에 도착했다. 혼자 온 줄 알았던 길 뒤에 그가 조용히 서 있었다. 눈물로 엉망이 된 내 얼굴을 보고도 아무것도 묻지 않았다. 그저 철썩거리는 파도처럼 내 곁에 존재했다.

 그는 항상 무엇도 묻지 않았고, 무엇이든 들어주었다. 있는 그대로 나를 바라봐 주었다. 그 덕분에 먼지가 가득 쌓여 있던 내 마음속 폐허에 때때로 햇빛이 들고 바람이 불었다. 하지만 함께 한 지 4년이 되었을 때 깨달았다. 그 역시 자신만의 슬픔이 깊어 나의 폐허를 찾을 수 있었다는 것을. 그리고 두 사람의 폐허가 합쳐지니, 짙은 어둠이 되었다는 것을.

 마음의 짐이 무거워 들고 갈 수가 없었다. 단축번호를

겨우겨우 누른 뒤, 전화기를 입과 귀에 댔다. 듣기도 싫고 뱉기도 싫은 말을 꺼냈다. 춥지도 않은데 몸이 부들부들 떨렸다. 나는 이별을 이야기했고, 그가 내뱉는 한숨에서는 슬픔과 씁쓸함이 삐져나왔다. 그는 마지막 순간조차 묻거나 다그치지 않았다. 그저 들어주었고 다음을 기약했다.

처음으로 내 폐허의 문을 열고 먼지 쌓인 공간에서 우두커니 지켜봐 주던 그를 내쫓아 버렸다. 이별했다. 어쩌면 이별하고 싶지 않았는지 모른다. 내 어둠의 끝을 그가 본다면 숨어 버릴까 봐 내가 먼저 도망쳤는지도 모른다.

그에게서 도망쳤지만 밥을 먹고, 길을 걷고, 공부를 하고, 친구를 만나고, 그 어떤 일을 해도 추억이 옷소매를 붙잡았다. 그의 그림자가 온몸에 진한 흔적으로 남았다. 잊으려 해도, 지우려 해도 쉽지 않았다. 그와 함께했던 기억 속에서 영원히 살게 될 것 같았다. 난도질 된 심장은 삶에 잿더미만 남기는 줄 알았다.

그런데 서로의 폐허를 보여주었던 경험은 타인의 울퉁불퉁함을 견뎌내고 기다릴 수 있는 인내심을 주었다. 그리고 이별의 슬픔을 견뎌낸 하루들이 모였을 때, 조금씩 내 마음에 햇빛을 비추는 사람을 만났다.

처음에는 두려웠다. 그가 내 폐허를 보고 도망갈까 무서웠다. 하지만 그는 나에게 말했다.

"나에게만 반짝반짝 빛나지 말고, 주변 사람들에게도 반짝반짝 빛나는 멋진 당신이 되어줘. 늘 응원해."

본인에게 잘해주려고 애쓸 필요 없다며, 나는 나로 존재하는 빛나는 삶을 살아내기만 해도 된다는 사람이었다. 내가 폐허라 여겼던 곳을 그저 공간일 뿐이라 말하고, 나의 어둠이 아니라 작은 빛에 집중해 주는 사람이었다. 두려움과 달리 그는 도망가지 않았다. 시간이 흐르고, 나는 그와 결혼했다.

만남과 이별을 통해 마음의 폐허에 다녀오지 않았다면 어땠을까. 어쩌면 영원히 누군가와 동행하지 못했을지 모른다. 내 마음은 그저 검은 묘지로 남았을 것이다. 늘 나의 폐허를 두려워했으니까.

하지만 물속에 거꾸로 빠진 듯한 우울함은, 어쩌면 바다 밑의 아름다운 모습을 볼 기회일지도 모른다. 이 글을 볼 누군가를 위해 기도한다. 자신만의 폐허가 있더라도 어둠에 잠기지 않기를. 당신의 폐허에 누군가 들어오는 순간이 꼭 끔찍한 두려움만은 아니라는 것을 알게 되기를.

"

물속에 거꾸로 빠진 듯한 우울함은
어쩌면 바다 밑의 아름다운 모습을 볼
기회일지도 모른다.

지우

책임 있는 어른이 될 거야

아무리 발버둥 쳐도 도무지 나아지지 않을 때가 있다. 나에겐 빚이 그랬다. 자식에게 물려줄 게 그리도 없었는지 아버지는 내게 빚을 물려 주었다. 그 큰 빚은 스물세 살 여자가 갚기엔 너무 컸고, 숨 쉬듯 일을 해도 줄어들지 않았다. 한때 나의 꿈이었던 피아노가 겨우 몇십만 원에 팔려 갔고, 그 돈은 우리 식구 밥값으로, 동생 학비로, 반려견 사룟값으로 다시 나갔다.

급하다는 일을 내치지 못 해 또 일을 받았다. 지금 해야 하는 일도 산더미인데, 새치기 일을 하려면 오늘도 밤을 새야 했다. 동이 트고야 일이 끝났다. 쪽잠 두어 시간 자고 일어나 커피 한 잔을 들고 다시 골방으로 향했다.
'이렇게 해서 내 삶이 조금이라도 나아질까?'
하지만 그런 생각도 잠시, 일을 해야 우리 식구 먹고 살지 싶어 다시 자판을 두드렸다.

잠도 한숨 못 자고 일만 하는데, 몸은 어찌나 건강한지. 이번 달에도 생리를 거르지 않았다. 마지막 하나 남은 생리대를 사용하곤 통장 잔액을 확인했다. 190원. 수중에 있는 돈은 그게 전부였다. 급한 마음에 이곳저곳 서랍을 열어봤다. 가지런히 정돈된 물건 사이로 삐죽이 생리대 하나가 보이기를 간절히 바라며. 세탁해 둔 겨울옷 주머니에도 괜히 손을 넣어봤다. 혹여나 몇천 원쯤 들어있을지 싶어서. 오늘따라 정리벽이 있는 엄마가 원망스러웠다.
'지친다, 내 인생. 생리대 하나 살 돈이 없다니. 막막한 현실에 손 벌릴 곳 하나 생각나지 않다니. 믿고 기댈만한 사람 하나 없다니. 이제 어쩌나. 취미 생활한다고 잔뜩 사 모았던 십자수 천이라도 곱게 접어 바느질해 써야 하나. 이럴 줄 알았으면 그 낡은 홑이불, 버리지 말걸…'

가족들은 이런 내 사정에 관심이 없었다. 아버지는 돈을 벌어 오겠다며 내 차를 판 돈을 들고 떠났고, 철없는 동생은 대학 생활을 즐겼다. 곱게 자란 부잣집 딸이었던 엄마는 나만 바라보고 있었다. "걱정하지 마, 엄마! 내가 다 알아서 할게!" 나는 그런 딸이었다.

다행히도 모든 인생은 극적이다. 전화가 왔다.
"친구, 무슨 일 있는가?"
"사는 게 일이지. 왜, 나 무슨 일 있데?"
"응. 전화해 보라시데. 뭔데? 말해봐!"
화장품이 똑 떨어져 더 이상 바를 것도, 살 돈도 없을 때도 이 친구가 날 구해줬었다. 신기(神氣)가 있어 무당이 될 뻔한 친구는 간혹 이렇게 자신의 존재감을 드러냈다. 너는 그걸 다 어찌 아냐 물으면 옆에서 조상 할아버지가 소곤소곤 귀에다 대고 말해 준다고 했다.
"넌 내 구세주야."
"할아버지가 구세주지. 갚아!"
'그럼, 당연히 갚지. 나는 너에게도 갚고, 세상에도 갚아 줄 거야. 내 삶이 온전해지면, 나는 책임 있는 어른이 될

거야. 누구처럼 회피하고 도망가 버리지 않을 거야.'

마음속으로 다짐했다.

악착같이 세월을 버텼고, 20여 년 만에 빚을 다 갚았다. 누구도 나에게 그 큰돈을 어떻게 갚았느냐 묻지 않았다. 아니, 모든 일이 나에게 맡겨진 후로 아무도 빚에 신경 쓰지 않았다. 나만 혼자 발버둥 쳤다. 착실히 일해 빚도 갚고, 살림도 살고, 학생들을 가르치는 학원을 열고, 보란 듯 내 차도 샀다.

그러던 어느 날, '생리대 후원'이라는 광고 글귀를 보게 됐다. 처량한 표정의 여학생이 교복을 입고 서 있고, '이제 어쩌지'라는 문구가 적힌 광고였다. 돈이 없어 생리대를 사지 못하는 현실의 비참함이 고스란히 나타난 얼굴이었다. 나는 그 표정을 안다. 난감함을 넘어 자포자기한 표정. 더 이상 어쩔 수 없는 상태.

이번엔 내가 전화를 걸었다. 광고에 나와 있는 번호로. 최소 후원 금액을 묻고, 어떤 아이에게 얼마만큼의 생리대가 전달되는지도 물었다. 확실하게 잘 전달해 드리니 걱정하지 말라는 말을 듣고서야 자동이체를 걸 계좌번호를 알려줬다. 밥을 먹지 못하는 아이들을 위한 도시락 후원도 시작했다. 배고픔의 고통을 누구보다 잘 알기에.

바라던 대로 나는 책임 있는 어른이 되었다. 20여 년 동안 한 달도 빠짐없이 이름도 얼굴도 모르는 아이들에게 생리대를 후원했다. 자신이 여성이라는 걸 원망하지 않도록 내가 할 수 있는 최선을 다했다. 세상에는 절망만 있는 게 아니라고, 손을 뻗으면 누군가 도와줄 사람이 분명히 있다고 배고픈 아이들에게도 알려주었다. 그들이 나처럼 없음의 서러움을 겪지 않게, 그들이 자라 이 나라를 원망하지 않게, 이 어여쁜 아이들이 세상에 홀로 내쳐지지 않게 내가 지켜주자. 오늘도 그렇게 다짐한다.

안
지
혜

이성의 끈

그날은 뭔가에 씐 것 같았다. 그게 아니고서는 달리 설명할 방법이 없다. 2020년 늦가을, 뒤늦게 코인 열풍에 탑승했다. 우연히 시작했는데 정신을 차리고 보니 코인을, 아니 차트 매매법을 공부하고 있었다. 차트 분석 책을 읽고 유튜브 강의를 시청하고 유명 코인 카페의 죽순이가 되어 있었다. 코인 시장은 24시간 열려있어서 자다가도 일어나 앱을 확인하고, 회사에서도 시간이 날 때마다 차트를 들여다봤다. 코인의 큰 변동성으로 매일 천국과 지옥을 오갔지만, '열심히 공부하면 큰돈을 벌 수 있지 않을까'라는 희망으로 견뎠다.

2021년 11월부터 코인 하락장이 시작됐다. 투자금 손해가 너무 커서 팔 수도 없었고, 돈이 있다고 한들 하락장에서 할 수 있는 게 없었다. 그래서 상승과 하락 양방향으로 가진 돈의 125배까지 베팅할 수 있는 선물 시장에 발을 들였다. 선물은 한 방향에 몇 배 이상 베팅할 수 있는 만큼 반대 방향으로 흐르면 베팅한 배수만큼 빠르게 돈을 잃는다. 타이밍이 늦으면 순식간에 모두 잃을 위험도 있다.

2022년 9월 마지막 날. 차트를 분석해 선물 매매를 시작했다. 확신을 가지고 상승에 베팅했지만, 예상과 달리 크게 하락했다. 이 정도 손실이면 그만두어야 하지만 이상하게 수익이 날 것만 같은 예감이 들었다. 그만할까 말까 하는 사이 손가락이 제멋대로 움직여 하락에 베팅했다. 그러자 거짓말처럼 다시 상승했다. 또 손실. 두 번이나 크게 손해를 보니 심장이 쿵쿵거리고 마음이 울렁울렁거렸다. 오기가 생겼다. 다시 상승에 베팅했다.

'제발, 조금만 더 올라라. 목표가가 눈앞이야…'

하지만 목표가를 눈앞에 두고 다시 하락했다. 세 번째 손실이었다.

'아… 아까 그냥 팔 걸…'

후회와 함께 귀에서 '삐-'하는 이명이 들렸다. 눈이 뒤집혔다. 다시 급하게 하락에 베팅했다. 그런데 마치 누가 나의 베팅을 보고 있는 것처럼 반대 방향으로 상승했고 네 번째 실패를 맛봤다. 그제서야 손에서 핸드폰을 내려놓았다.

한참을 멍하니 창밖을 바라봤다. 얼마나 시간이 지났을까? 누군가가 나에게 속삭였다.

'너 코인 그만해.'

그나마 붙어있던 실낱같은 이성의 끈이었다.

당시 남편의 건강이 좋지 않았다. 심지어 공황장애까지 와서 회사 다니는 걸 힘들어했다. 남편을 퇴사시켜 주고 싶다는 마음과 어쩌면 내가 실질적인 가장이 될 수도 있다는 생각이 들었다. 내 월급만으로는 생활하기 빠듯하니 빨리 코인 트레이더가 돼서 추가 수입을 얻어야겠다는 마음이 간절했다.

"무슨 소리야. 내가 2년 동안 얼마나 열심히 했는데."

'오늘 네 모습을 봐. 너 이러다가 진짜 큰돈 잃어.'

"싫어! 내가 돈 벌어서 남편 퇴사시켜 준다고 했단 말이야"

간절해질수록 마음은 더 조급해졌다. 조급한 마음은 때론 눈앞을 흐리게 만들었다.

'너 정말 코인으로 돈을 벌 수 있다고 믿은 거야? 그냥 쉽게 돈을 벌고 싶었던 거 아냐? 넌 투자가 아니라 도박을 한 거야.'

어쩌면 내가 가장 잘 알고 있었는지 모른다. 아무리 해도 되지 않을 일이라는 것을. 그걸 알면서도 미련을 버리지 못하고 질질 끌고 있었다.

그날 이후, 코인을 접었다. -95%까지 줄어든 투자금보다, 잃어버린 2년의 세월보다 더 나를 괴롭힌 건 희망이 사라졌다는 사실이었다. 힘들어하는 남편의 퇴사, 돈 걱정 없는 여유로운 생활, 든든한 노후, 아이들에게 해주고픈 전폭적인 지원.

희망이 사라지자, 불안이 엄습했고 자기혐오에 빠졌다. 다른 사람들은 잘만 하던데 나는 왜 못하냐고, 진짜 최선을 다해 열심히 한 거냐고 자책했다. 왜 내가 하는 건 다 이 모양 이 꼴로 끝나는지, 이제 앞으로 뭘 해도 실패할 것 같아 좌절했다. 코인으로 돈을 벌겠다고 여기저기 떠벌린 게 창피했고, 결국 그만두는 내가 부끄러웠다. 평생 가난하고 구질구질하게 살면서 미래를 불안해하겠구나 싶어 비참했다. 나의 이기적이고 어리석은 행동으로 힘들었을 가족들에게 미안했다.

"나 코인 그만둘래."
남편에게 말 한 후 엉엉 울었다. 온갖 감정이 뒤섞인 눈물과 콧물이 한참이나 흘러내렸다.
"잘 생각했어. 난 처음부터 코인 안 했으면 했어."
"그런데 왜 말 안 했어?"
"무슨 말만 하면 도끼눈을 뜨고 알아서 한다고 화내니까. 스스로 깨달을 때까지 기다린 거지. 그동안 수고했어."
2년 동안 코인 차트 공부한다며 집안일은 물론 가족들을 내팽개쳤었다. 미안했지만 결과로 보여주면 된다는 생각에 두 눈을 질끈 감았었다. 그랬기에 비난받고 조롱받아 마땅한 실패라고 생각했다. 하지만 그 누구도 나를 비난하지 않았다. 오직 나만 나를 비난하고 있었다. 가족들은 헛된 희망을 품고 건강까지 헤쳐가며 스스로 옳은 일을 한다고 굳게 믿고 있는 나를 묵묵히 기다려 주었다. 공부해야 한다며 방문을 걸어 잠그고 혼자만의 세계에 빠져있던 내가 문을 열고 나왔을 때 다정히 안아주었다.

"자기 퇴사는?"

"정년퇴직할 때까지 다닐 테니까 걱정하지 마."

질끈 감았던 눈을 뜨고 가족들을 바라보았다. 희망은 코인에 있는 게 아니라 내 곁의 소중한 사람들, 그리고 그들과 함께 보내는 시간 속에 존재하고 있었다.

3장

쓰디쓰고나

지우

사과

 선생님이 운다. 왜 우는지 잘 모르겠다. 상담실까지 신나게 와서 숙제를 꺼냈는데, 선생님이 운다.

 오늘 숙제는 '나'를 그리는 것이었다. 종이에 손을 잡은 두 사람의 형상이 있는데, 그중 왼쪽 사람 형상에 '지금의 나'를 그려 넣는 과제였다. 색연필을 꺼냈다. 잠시 생각해 봤다. 늘 초라하게 느껴졌던 나. 이제 막 가슴에서 환하게 빛이 나는 사람을 그리고 싶었다. 빨간색 색연필로 가슴께에 하트를 그리고 빛이 나는 듯 줄을 쫙쫙 그었다. 썩 멋있어진 듯해, 이번엔 머리카락을 색칠하기로 했다. 요즘 들어

꽤 마음에 드는 초록색으로 머리카락을 칠했다. 다한증으로 고생하는 손에는 보라색 장갑을, 이리저리 뛰어다니느라 지친 발에는 파란색 양말을 신겨줬다. 눈동자를 검게 칠하고, 눈썹을 그려준 후 입술은 빨갛게 채웠다. 마지막으로 피부색을 입혀줬다. 만족스러웠다.

조금 꾸물거리는 하늘 아래, 남산 서울타워를 바라보며 운전해 가는 길은 즐거웠다. 정독도서관에 주차할 때쯤 빗줄기가 굵어져 차 위에 톡톡 맺힌 빗물도 예뻤다. 파란 트렁크 위에 내려앉은 연두색 은행잎이 몸서리치게 아름다워 사진도 한 장 찍었다. 우산을 받치고 한옥 사이로 걸어가는 길도 유쾌했다. 날이 살짝 더워지고 녹음이 짙어지는 5월 말. 촉촉하게 내리는 봄비에 푸릇한 풀 내음이 퍼지자 기분도 덩달아 좋았다. 그런데 내 숙제를 본 선생님이 운다. 선생님이 한참을 말없이 그림을 바라보다가 훌쩍이며 휴지로 눈을 꾹꾹 누른다. 난 우는 사람을 잘 달래지도 못해 어쩔 줄 몰라 하고 있었다.

갑자기 벌떡 일어난 선생님이 다용도실로 성큼성큼 가 손에 무언가를 쥐고 왔다.

탁-.

책상 위에 작고 빨간 사과가 놓였다.

"사과예요. 귀한 거야. 누가 나 먹으라고 두 개 줬는데, 지우 씨 하나 줄게. 얼른 먹어요."

그러곤 녹차롤 케이크며 과자를 잔뜩 꺼내 온다. 영문도 모르고 사과를 한 입 깨물었다.

'달다! 이거 정말 맛있네.'

걱정되었던 기분이 살짝 좋아지는 듯했다.

"먹어야 힘이 나지. 지우 씨 처음 왔을 때, 밝은 사람이다 싶었어요. 그런데 정말 밝을까 의심도 들었어요. 심각한 줄은 알았는데 이 정도까지 인줄은 몰랐어요. 이게 뭐야. 심장에 총알 560발은 맞은 것 같잖아요. 머리카락과 손발은 시퍼렇게 질렸어. 이렇게 하고 사람이 어떻게 살아… 옷이라도 입혀주든가… 자신에게 너무 가혹하잖아요. 막 화가 나 있어."

어리둥절했다. 내가 생각한 것과 너무 다른 해석. 나는 그런 의미로 그린 게 아닌데, 선생님은 왜 이렇게 말하는 걸까 생각했다.

"그림은, 색은 거짓말 못 해요. 지우 씨 내면을 그대로 보여주는 거야. 빛을 표현하고 싶었다면 노란색을 썼어야지."

선생님은 또다시 눈물을 훔치며 조용히 물었다.

"그간 대체 어떻게 살았던 거예요?"

"대학생 때, 아버지 사업이 크게 부도났어요. 장녀라는 무게감에 집안을 책임졌어요. 그 후로 일만 했어요. 결혼은 못 할 줄 알았는데, 나를 이해해 주는 고마운 사람을 만나 위로받으며 살고 있어요. 학원을 운영 중인데 학부모님들이 자꾸 모진 말을 해서 상처를 많이 받아요. 하기 싫고 그만하고 싶은데, 아직 부모님을 책임지고 있어서 그만두지 못해요. 내가 그때 도망갔었더라면… 미국 유학에서 안 돌아왔었더라면…. 매일 후회하며 살아왔어요."

무감정하게 말할 수 있는 나의 암울했던 역사가 그림과 색으로는 총알 560발을 맞은 것 같은 심장과 시퍼렇게 질린 손발로 표현되었나 보다. 상담했던 사람 얼굴은 기억 못 해도 그 사람이 배열한 색은 기억한다는 선생님은 내 이야기가 끝날 때까지도 눈물을 닦았다.

상담이 끝나고 밖으로 나오니 비가 그쳤다. 주차장으로 터덜터덜 걸어가 차에 탔는데 아무래도 좀 답답했다. 차에서 내려 햇살이 비추기 시작한 정독도서관 앞 정원을 거닐었다. 빗물이 마른 벤치에 앉아 이야기하는 사람들, 풀밭에 자리를 깔고 누워있는 사람들.

'평일 낮에 어떻게 이런 햇살을 즐길 여유가 있는 걸까. 나는 숨차게 살아왔는데…'

그 순간 눈물이 푹 터져 나왔다. 나는 내가 괜찮은 줄 알았다. 어떤 큰 일이 터져도 의연했다. '또 처리하면 되지. 여태껏 잘해 왔는데 그쯤이야! 나는 해결사니까!' 하며 넘겼다. 그래서 울지 않았다. 우는 건 왠지 나약해 보이고, 여태까지의 삶이 억울해지니까. 그런 강인한 내가, 모두가 행복해 보이는 햇살이 쨍한 공원에서 울고 있다. 소심해서 펑펑 울지도 못하고, 연신 눈물을 훔치며 벤치에 주저앉아 있다.

그때부터였다. 무슨 일이 있어도 절대 울지 못하게 갑옷을 꽁꽁 둘렀던 나에게 울음을 허락했다. 울음은 카타르시스고 위로고 용서였다. 지금껏 잘 살아온 나에 대한 보상이기도 했다. 나는 나를 용서했고, 나와 화해했다. 남들처럼 평범하게 살아도 괜찮다고 허용해 줬다. 선생님이 건

넨 한 알의 사과와 스스로에게 허락한 눈물은 나에게 주는 위로였다.

  10개월이 흘렀다. 아홉 번째 상담 날, 나는 다시 나를 그렸다. 이번엔 긴 핑크색 머리카락을 그리고 밝은색 투피스 정장을 입혔다. 빨간색 뾰족구두에 한정판 백도 들었다. 볼터치와 속눈썹도 잊지 않았다. 나도 모르게 맞았던 총알 수백 개는 그동안의 상담으로 자가 치유되었다. 다시는 총알을 맞지 않겠다며 스스로 방탄조끼를 입는 연습도 했다.

  내 마음이 완전히 치유된 건 아니란 걸 알고 있다. 하지만 괜찮다. 노력해 볼 수는 있으니까. 애초에 완벽한 인생이란 없으니까. 이렇게 치유해 가며, 나를 돌보며 살아가 보기로 했다.

"

애초에
완벽한 인생이란
없으니까.

권혜린

일시 정지가 필요한 순간

삶에도 '일시 정지' 버튼이 있다면 얼마나 좋을까? 모니터의 빈 화면만 바라보기를 벌써 몇 시간째, 단 한 글자도 쓰지 못한 상황에 절망감이 훅 올라왔다. 화면 속 깜박이는 커서가 얼른 뭐라도 해내라고 다그치는 듯해 마음이 초조했다. 오늘의 할당량을 해내지 못하면 작업이 밀리는데, 도저히 무언가를 할 기분이 아니었다. 답답한 마음에 목이 멨고, 눈을 부릅뜨고 울음을 참아봤지만 시야는 자꾸만 흐려졌다. 마감을 앞두고 쌓인 원고 작업과 디자인 작업, 그 모든 것을 내팽개치고, 그저 도망가고 싶다는 생각만 머릿속에 맴돌았다.

"좀 쉬엄쉬엄해. 안색이 너무 안 좋다."

좋아해서 시작한 프리랜서 일이었지만, 일을 하면서 자꾸만 말라갔다. 체중이 7킬로 가까이 빠질 때쯤 주변에서는 걱정 어린 말들을 쏟아냈지만, 그 말에 일일이 대꾸할 기력조차 없었기에 입을 다물었다. 당장 해야 하는 일이 산더미처럼 쌓여있는데 어떻게 쉬라는 건지. 괜한 반발심과 피로감에 짜증이 났다. 일이 끝나면 텅 빈 마음을 끌어안고 그저 가만히 누워 내일이 오지 않기를 바랐다. 내일이 오면 또 무언가를 해내야 하니까.

그렇게 마음에 없는 창작을 하니, 가장 사랑했던 일이 어느새 가장 지겨운 일이 되었다. 온종일 집에 틀어박혀 꾸역꾸역 작업을 이어가다 문득 집 안을 둘러보니 엉망진창인 모습이 눈에 들어왔다. 널브러진 옷가지와 치우지 못한 쓰레기들, 바닥에 흩어진 머리카락에 한숨과 함께 자괴감이 밀려들었다.

'내가 지금 뭘 하고 있는 거지? 내가 원하던 삶은 이런 게 아니었는데, 좋아하는 일을 하고 싶다는 꿈은 고작 이런 삶을 위한 것이었나.'

허탈한 기분도 잠시, 극심한 어지러움과 함께 갑자기 앞이 잘 보이지 않았다. 웅웅거리는 이명 소리가 귓가를 때렸고, 몸이 휘청이다 벽에 머리를 부딪혔다. 그렇게 정신을 잃고 눈을 떴을 땐, 바닥에 쓰러져 누워있었다. 온몸에 힘이 풀려 일어나지 못한 채, 그저 천장을 바라보며 이런저런 생각에 잠겼다.

'이 정도로는 부족해. 더 열심히 해야 해.'
'남들은 더 많은 것을 해내는데, 고작 이거 가지고 힘들다고 하니?'

내가 나를 다그치며 늘 되뇌던 말이었다. 뭘 해도 부족하다는 느낌이 지워지지 않아, 그런 나로부터 도망치듯 끝없이 목표를 쫓았다. 이것만 끝내면, 이걸 이루면 모든 것이 괜찮아질 거라고 믿으면서. 그러나 현재를 희생시키는 방식으로는 결국 행복해질 수 없었다. 열심히 살고 있다고 위안했지만, 사실 불안에 쫓기며 끊임없이 트랙 위를 달리고 있었음을 인정할 수밖에 없었다. 늘 한계까지 몰아붙이다 완전히 나가떨어지기를 반복하는 이 상황을 대체 어떻게 해야 할지 몰랐지만, 지금이 아니라면 더 이상 멈출 수 없을 거란 생각이 들었다.

한계에 내몰린 몸과 마음은 '일시 정지'를 외쳤다. 이젠 그 목소리를 들을 때였다. 잠깐 멈추고 숨을 고르는 시간, 그 잠깐의 틈을 허용하면 좀 달라질 수 있을까? 확신은 없었지만, 아무리 바빠도 하루에 두 시간 정도는 나를 위해 써보자고 다짐하며 조심스레 몸을 일으켰다. 창밖을 보니 어느덧 노을이 지고 있었다. 무채색의 천장을 담던 두 눈에 따뜻한 금빛 노을이 새겨지는 순간, 왠지 모르게 울컥하는 마음이 올라왔다.

낯설게 느껴지는 빛깔과, 갑자기 생긴 어색한 여유. 무엇을 하면 좋을지 잠깐의 고민 끝에 따뜻한 캐모마일 차 한 잔을 우렸다. 모락모락 김이 나는 차를 조심히 불어가며 따뜻한 찻물을 삼키자 그 온기에 마음이 흐물흐물 녹아내렸다. 그렇게 가만히 나를 알아주며, 진심으로 고생 많았다고, 이 시간만큼은 마음껏 쉬어도 된다고 다독였다. 조용히 그 기분에 잠기다 보니 문득 잊고 지냈던 것들이 떠올랐다. 해야 할 것들에 밀려 잊혀진, 나를 기쁘게 만드는 사소한 것들. 텅 비고 지친 마음을 채워 줄 무언가가 거기에 있었다.

곧바로 가장 좋아하는 디저트 가게에서 초콜릿케이크를 주문하고, 잔잔한 색감의 영화를 골랐다. 한입 가득 케이크를 밀어 넣고, 영상 속 장면에 웃음 짓다 보니 쌓인 일거리와 모든 걱정은 다른 세상의 일처럼 느껴졌다. 잠깐이지만 그 해방감이 마음을 적셨다. 바짝 말라버린 마음이 촉촉이 젖어 들고, 편안함이 번졌다. 멈출 수 있는 여유는 어디선가 주어지는 것이 아니라 스스로 만들어내는 것이었다.

요즘도 알람이 울리면 신호등에 빨간불이 켜진 것처럼 잠깐 멈춘다. 멈춘 뒤 좋아하는 일로 마음의 연료를 채운다. 어떤 날은 햇볕을 쬐며 산책을 하고, 또 어떤 날에는 친구와 마음껏 수다를 떤다. 그러는 동안 행복이 스며든 마음에서 열정이 자라나면, 그 가느다란 열정이 꺾이지 않게 천천히 가보자고 다짐해 본다. 열심히 해 왔다고, 잘하고 있다고 말해주면서. 지금도 충분하니 할 수 있는 만큼만 해보자고 다독이면서.

손혜미

끝은 새로운 시작임을

예고 없는 해고였다.

"미안합니다. 가게를 더 이상 유지할 수 없어서 폐업하기로 했어요. 내일부터 출근 안 하셔도 됩니다."

사장님 말이 귀에 박혔다. 이혼 후, 당장 먹고살기 위해 급하게 구한 일자리였다. 동네 작은 마사지숍은 첫 월급을 주고 며칠 뒤 폐업했다. 불과 몇 달 전에 겪었던 이혼처럼 또다시 모든 것이 무너져 내렸다. 경력 단절 10년에 학력도 변변치 않은 내가 혼자 아이 둘을 책임지고 살아갈 수 있을까? 이럴 줄 알았으면 학교 다닐 때 공부를 좀 더 열심히 할걸. 아니면 엄마가 원했던 대학을 가야 했을까? 그것도 아니면 아이들을 키우며 자격증이라도 따둬야 했나? 지난 시간에 대한 후회와 복잡한 감정이 교차했다. 하지만 이제 와서 후회한들 되돌릴 수 있는 것은 없었다. 내 세상이 뒤집히고 무너져도 변함없는 건 나는 아이들을 책임진 가장이라는 사실이었다.

갈 곳도 할 일도 잃은 내게 하루는 길었다. 아이들이 학교에 가고 나면 나는 홀로 집을 지켰다. 낮이었지만 시간을 가늠할 수 없었다. 불을 켜지 않은 집안은 다소 어두웠다. 침대 프레임 없이 놓인 매트리스와 텔레비전 선반, 그 사이 좁은 바닥에 옆으로 웅크리고 누웠다. 바닥의 찬 기운이 몸을 타고 올라왔다. 창문으로 들어오는 한낮의 햇살에도 한 줌의 따스함은 없었다. 인적이 드문 골목에 있는 집이라 적막하고 또 적막했다. 그 어떤 소리도 그 어떤 빛도 살갗을 스치는 날카로운 칼날처럼 느껴졌다. 빛과 소리를 차단한 그 공간이 편안했다. 천천히 눈을 감았다. 그 어둠에 스며들어 내 존재를 지우고 사라지고 싶었다. 아무것도 아닌, 아무것도 없는 그런 상태로. 세상은 나를 필요로 하지 않는 것 같았다.

아이들이 집에 오면 무거운 몸을 억지로 일으켰다. 식사를 챙기고 하루 종일 비어 있던 속에 억지로 음식을 욱여넣었다. 시간이 어떻게 흐르는지 의식하지 못한 채 아이들을 재울 시간이 되면 불을 끄고 누웠다. 내 양팔을 하나씩 베고 누운 아이들이 어느새 잠이 들면 내게 닥친 현실이 하나둘 떠올랐다. 방안에는 매트리스와 브랜드 없는 저가 텔레비전, 싸구려 선반과 서랍장 하나가 전부였다. 고개를 왼쪽으로 살짝 틀어 창문을 올려다봤다. 불투명한 유리가 골목 가로등에 주황빛으로 물들어있었다. 그 빛에 온 방 안이 붉게 물들어 꼭 불이 난 것만 같았다. 불안감이 몰려왔다. 무섭고 두려웠다. 어디서부터 어떻게 시작해야 할지 알 수 없었다. 초라한 살림에 썰렁한 이 방이, 그리고 이 밤이 비참하고 서러웠다. 모든 것을 잃고 낯선 세상에 발가벗겨져 내던져진 것만 같았다. 앞으로 어떻게 해야 할지 막막함에 짓눌려 눈물이 흘러내렸다. 죽을 용기도 살아갈 희망도 없는 밤이었다.

"혜미야, 여기 면접 한번 볼래?"

핸드폰 너머로 언니의 다정한 목소리가 들렸다. 무기력

에 잠식되어 가던 내게 찾아온 작은 파문이었다. 언니는 회사와 대표님에 대해 설명했다. 내 처지에 가릴 것이 없었다. 당장 이력서를 써서 면접을 보러 갔다. 면접은 순조로웠다. 대표님은 좋은 분이었고 내게는 과분한 조건들이었다. 하지만 면접을 마치고 돌아오는 길, 문득 겁이 났다.

'내가 이 일을 잘할 수 있을까? 나 같은 사람이 사회에서 다시 자리 잡을 수 있을까?'

자신이 없었다. 결혼 생활 10년 동안 아이들만 바라보고 쫓아다니느라 새로운 것을 시도해 본 적이 없었다. 더군다나 이젠 옆에 기대고 의지할 사람도 없었다. 혼자서 무엇을 해낼 자신이 없었고, 그렇게 위축된 자신이 한심하다는 생각이 들었다. 모든 것에서 도망치고 싶었다. 다른 사람들은 잘만 해내는 것 같은데 나만 왜 이 모양인지 모르겠다며 자신을 비난했다. 하지만 아이들을 생각하면 뭐든 해야 했다. 면접 중 대표님 말씀을 떠올렸다.

"안 하고 후회하는 것보다 해보고 후회하는 게 낫지 않겠어요?"

어차피 바닥이었다. 이왕 무너진 삶이라면, 다시 쌓아 올리는 수밖에.

출근 첫날, 오랜만에 사람들 속으로 들어갔다. 처음엔 모든 것이 낯설고 불편했다. 말 한마디도 조심스러웠고, 일 머리를 찾기까지 시간이 걸렸다. 누구의 엄마로만 불려 오다가 오랜만에 듣는 "혜미 씨"라는 호칭이 어색했다. 그 호칭이 익숙해질 무렵 나는 정말 오랜만에 '필요한 사람'이 된 기분을 느꼈다. 바쁘게 보낸 하루는 몸은 힘들어도 마음만은 즐겁고 뿌듯했다. 퇴근 후 집에 돌아오면 긴장이 풀려 쓰러질 것 같았지만 이상하게도 무기력할 틈이 없었다. 내 일상이 조금씩 변하고 있었다.

'나 지금 버티고 있는 거구나.'

그제야 깨달았다. 무기력과 번아웃은 단순히 마음의 병이 아니었다. 그것은 삶의 방향을 잃었을 때 찾아오는 깊은 공허였다. 그 공허를 메운 것은 다름 아닌 '할 일'이었다. 작은 성취, 작은 변화들이 쌓이며 나는 다시 나 자신을 찾아갔다.

시간은 빠르게 흘러갔다. 그리고 나는 다시 대표실로 불려 갔다. 언젠가 이런 날이 올 거라 예상했지만 오늘일 줄은 몰랐다. 대표실로 올라가는 회색빛 돌계단이 차갑게 느껴졌다. 무덤덤하게 계단을 올라 대표실로 들어가니 대표님이 손수 의자를 빼내어 앉으라 손짓했다. 테이블을 사이에 두고 마주 앉았다.

"혜미 씨, 올해 입사 몇 년 차지?"

"6년 찹니다."

예상했던 고루한 대화가 오갔다. 대화라기엔 회사 측의 일방적인 통보였다. 회사 사정과 권고사직, 실업 급여와 퇴직금 같은 뻔한 이야기들. 그 말에 내가 할 수 있는 건 "네."라는 대답뿐이었다. 6년이라는 시간은 짧은 대화로 마무리되었다.

대화를 끝내고 자리로 돌아와 앉아 있으니 현실이 눈앞에 펼쳐졌다. 실업 급여는 영원히 나오는 것이 아니다. 전문 인력도 아닌 내가 도대체 어디서 어떻게 새 직장을 구할지 막막했다. 직장을 6년 가까이 다녔어도 어디 명함 하나 내밀 수준이 못 되었다. 하루아침에 이렇게 내동댕이쳐질 줄 누가 알았겠는가.

아니다. 나는 알고 있었다. 일거리가 눈에 띄게 줄어들었고, 내가 이 회사에서 설 수 있는 자리도 같이 좁아지고 있었다. 언젠가는 잘리겠구나, 문득 불안감이 들 때도 있었다. '할 일'이 줄어들자 또다시 무기력이 찾아왔다. 나는 더 이상 쓸모 있는 사람이 아니었다. 지난날 어두운 방에 웅크리고 있던 내 모습이 자주 떠올랐다. 출퇴근길, 발걸음이 무거웠다. 해내야 할 일들만 겨우겨우 해내는 날들이었다.

그래서인지 퇴사 권고는 한편으로 후련하기도 했다. 오히려 새로운 도전에 대한 기대가 생겼다. 예전처럼 무기력에 빠지지 않으리라 다짐했다. 그저 작은 것이라도 시작하는 것, 움직이는 것, 그리고 자신을 믿는 것이 내가 할 일이었다.

나는 여전히 완벽하지 않다. 두려운 날이 많고, 가끔은 다시 무기력에 빠질 것만 같기도 하다. 하지만 이제는 알고 있다. 나에게는 다시 일어설 힘이 있다. 과거의 나는 무기력과 패배감에 휩싸여 살아갈 용기도, 죽을 용기도 없이 하루를 견뎌냈다. 하지만 지금의 나는 다르다. 나는 어둠에서 벗어나는 방법을 알고 있다. 할 일을 만들고, 작은 성취를 쌓으며 나를 다시 찾아가는 법을 배웠다. 그래서 다시 움직이기로 했다. 다시 찾아보고, 다시 부딪히고, 다시 해내 보기로 했다.

며칠 뒤 일요일 오후, 도서관을 찾았다. 막연하고 불안한 내 앞길에 등불을 밝히기 위해서였다. 소풍날 보물찾기를 하듯 무언가 발견되길 바라며 책장에 꽂힌 수많은 책의 제목을 신중하게 훑었다. 퇴사와 관련된 책 5권을 골라 의자에 앉았다. 목차를 살펴보고 그중 가장 흥미로운 부분을 펼쳐 읽었다. 그렇게 찾은 2권을 대여해 나왔다. 집으로 오는 길에 무인 문구점에 들렀다. 손바닥보다 좀 더 큰 노트를 하나 골랐다. 이 노트엔 앞으로의 삶이 담길 것이다.

집으로 돌아와 새로 산 노트 첫 장에 버킷리스트를 써 내려갔다. 가고 싶었던 나라, 배우고 싶었던 언어, 다시 꿈꾸고 싶은 일. 그 리스트 속엔 아직 만나지 못한 내가 조용히 숨 쉬고 있다.

삶이 다시 나를 흔들었지만 이번엔 무너지지 않았다. 천천히 일어나 조심스럽게 새로운 걸음을 내디딘다. 끝은 새로운 시작이므로.

"

삶이 다시 나를 흔들었지만
무너지지 않았다.

해
나

마음의 무게

지이이잉-

'같은 학교에 있으면서 왜 핸드폰으로 전화한 거지?'

수업을 끝내고 오니, 부재중 전화 몇 통과 함께 진동이 울리고 있었다.

"언니! 지금 수업 끝났지? 나 2층 상담실에 있는데 문이 안 열려. 밖에서 잠그는 문인데, 아까 애들이 잠가버렸어. 문 좀 열어주러 올 수 있어?"

대학교 후배이자 함께 근무 중인 선생님의 다급한 전화였다.

"창피해서 교무실에는 전화 못 했어. 언니가 전화 안 받았으면 결국 교무실에 전화했겠지? 아, 너무 힘들다. 걔네 일부러 잠갔어."

"하, 진짜 화나네. 어쩜 이렇게 하루하루가 피곤하냐. 퇴근하면 술 한잔하자."

2월, A 특성화 고등학교로 발령이 났다. 부임 전부터 여러 선배가 악명 높은 A 학교에서 '살아남는 법'을 조언했다. 그때는 그저 어른의 따뜻한 마음이겠거니 하고 걱정 없이 학교에 출근했다. 하지만 첫날, 아이들의 출석을 확인하며 후회가 몰려오기 시작했다.

"김 ○○"

"…"

"오늘 안 왔어?"

"보호 관찰소 갔어요."

"안 ○○"

"절도 혐의 조사받으러 갔을걸요. 출석부 봐봐요!"

학생들은 수업 시간을 지키는 것조차 어려워 보였다. 배고프다는 핑계를 대며 4교시 수업 중간에 급식실로 뛰쳐나갔고, 교실에는 나만 남았다. 수업 시간에 교실 뒤편에서 배드민턴을 하는 학생도 있었다. 복도에는 킥보드를 탄 학생들이 돌아다녔다. 아침 등굣길에는 오토바이 소리가 요란했고, 차를 몰고 등교하는 고3 학생도 있었다. 첫 현장 체험 학습 날, 출석한 학생이 3명뿐인 반도 있었다.

학교와 학생들 모두 '우리를 포기하라'고 외치는 것 같았다. 하루하루가 번아웃의 시작이자 끝인 가시 굴레로 변해갔다. 하지만 왠지 포기하라는 외침에 굴복하기 싫었다. 귀에 들리는 외침은 '포기하세요'였지만 교실 안 학생들의 눈빛에선 '포기하지 말아 주세요'라는 말 없는 울림이 느껴졌기 때문이다.

나는 모든 학생의 엄마가 되기로 했다. 학생들 책상을 치워 주고, 아무도 없는 교실을 빗자루와 대걸레로 청소했다. 가정 통신문도 걷기 힘든 분위기였기에 한명 한명 자리에 가서 의견을 묻고, 함께 내용을 적었다. 이전 학교에서 하듯 학생들에게 단체 메시지를 자주 보내고 학급 활동도 다양하게 진행했다. 하지만 이미 어른들에게 지칠 대로 지친 학생들은 '얼마나 가나 보자, 빨리 포기해.'라는 얼굴을 한 채 모든 행동에 무반응이었다. 내 진심이 닿지 않는 느낌이었다.

그래서 조금 더 노력했다. 한명 한명 상담을 하고, 학생 저마다의 상황에 따라 서로 다른 일상 메시지를 보냈다. 그러자 반응하는 학생들이 생기기 시작했다. '저만 받은 거예요?'라는 물음 속엔 작지만 분명한 변화가 있었다. 관심받고 싶은 마음, 무언가 잘하고 싶은 마음이 학생들 내면의 진심일지도 모르겠다고 생각했다.

특성화고의 특성상 대학 진학보다 취업하는 학생이 대다수였다. 취업 면접 준비를 위해 각종 정보를 아침마다 스크랩해서 나눠 주고 개인별로 자기소개서 준비와 면접 대비 숙제를 내주었다. SNS로 연락을 주고받으며 밤새워 함께 자기소개서를 썼다. 우리 반의 출석률은 점점 더 높아졌고 취업 지원 학생 수도 다른 반에 비해 많아졌다.

하지만 19살이 될 때까지 누적된 생활 습관과 태도, 능력을 짧은 시간에 변화시키기는 어려웠다. 희망을 품고 열심히 하는 모습을 보였지만, 회사에서 사장과 싸우고 일을 그만두는 학생, 자기가 뭘 할 수 있겠냐며 어둠 속으로 숨어 학교에 나오지 않는 학생도 있었다. 게다가 취업 지원을 했지만 불합격하는 학생 수가 늘어나자 학급 분위기가 다시 어두워지기 시작했다. 몇몇 학생들은 다시 예전의 불량한 태도로 돌아갔다.

포기하기 싫었는데, 포기하고 싶어지기 시작했다. 학생들의 삶을 변화시키는 건 열정만 가지고는 어려운 일이라는 생각이 혈관으로 바늘처럼 꽂혔다. 무력감에 심장이 베이는 기분이었다.

'아이들에게 현실적인 도움을 줘야 하는데, 내 역량이 부족해서 헛된 희망만 품게 한 건 아닐까. 나도 모르게 학생들에게 완벽하고 기적 같은 성공을 바랐던 건 아닐까.'

어두워지는 반 분위기와 함께 더 어두운 번아웃이 나의 목을 조여왔다. 스스로에 대한 부정적인 생각과 수많은 감정이 삶을 짓눌러, 걷기가 힘들었다. 식욕도 의욕도 사라졌다. 알 수 없는 몸살과 미열로 병가를 내는 날이 늘어갔다. 그럼에도 실낱같은 희망을 버리지 못해 꾸역꾸역 학생지도에 날 밀어 넣고 지쳐 나가떨어지는 날의 반복이었다.

변화는 갑작스레 찾아왔다. 학부모 상담 주간 중 하루였다. 학교 폭력, 교권 침해, 취업 문제 등 많은 말썽을 일으켰던 A의 어머니와 상담이 있던 날이었다.

"19년 동안 A를 키우면서 이런 모습 처음 봤어요. 사고를 너무 많이 쳐서 중학교 때 이미 아이를 포기했거든요. 세탁하려는데 교복 상의에서 이 종이가 떨어졌어요. 떨어진 종이를 읽어보니 자기소개서더군요. 며칠 동안 밤을 새우길래 게임이나 하는 줄 알았더니… 처음엔 선생님이 대신 써주신 줄 알았어요. 솔직히, 눈물이 다 났어요. 스스로 뭔가를 열심히 하는 모습을 처음 봤으니까요. 그걸로 됐다 싶어요."

누군가는 별거 아닌 인사치레일 뿐이라고 할지도 모른다. 하지만 어머니의 말 한마디는 내 마음 깊숙이 가라앉았고, 무력감에 잠겨있던 마음을 물 위로 끌어 올렸다.

"원하는 곳에 취업이 되지 않아서 죄송한 마음이 컸는데, 열심히 한 모습을 기뻐해 주시니 오히려 제가 감사합니다."

A의 어머니가 돌아간 뒤, 책상 위엔 꾸깃꾸깃 접힌 자기소개서가 남겨져 있었다.

불현듯 A를 처음 만났을 때 모습이 생각났다. A는 공부도 취업도 관심이 없었다. 자신을 아끼지 않았고 되는대로, 하고 싶은 대로 살았다. 그랬던 A가 밤을 새워 자신을 위한 자기소개서를 썼다. 내가 함께 해보자고 했던 제안에 진심을 쏟았다. 믿기지 않았다. 나의 많은 행동이 의미 없는 행동이 아닐지도 모른다는 옅은 희망이 번졌다.

어쩌면 번아웃은 무겁기만 한 짐이 아니라, 어둠 속에서도 희망을 찾으려 했던 흔적이자 노력의 무게가 아닐까 싶었다. 그리고 번아웃의 무게를 짊어지고 가는 삶도 그리 나쁘지는 않을 것 같았다. 다시 교문을 통과해 아이들의 반짝이는 눈과 함께 할 마음의 무게일 테니까.

정유진

마음껏 울어도 괜찮아

열흘 만에 병원을 찾았다. 아기가 얼마나 자랐는지 확인하기 위해 초음파 검사를 받았다. 이상했다. 분주하던 의사 선생님의 손이 멈췄다. 굳어버린 얼굴과 이어지는 침묵. 나는 무언가 잘못되었음을 직감했다.

심장이 쿵 하고 내려앉았다. 그 순간, 모든 소리가 멀어졌다. 우리 사이에 투명한 막이 생긴 듯, 선생님의 말은 희미한 메아리처럼 퍼졌다가 허공으로 흩어졌다. 머릿속이 하얘지고, 귀에는 웅웅거리는 소리만 맴돌았다.

'꿈인가…'

몸이 떨려왔다. 원래 여기가 이렇게 추웠던가.

약국에서 유산을 위한 자궁수축제를 받아 들고 집으로 향했다. 남편과 나는 한마디도 하지 않았다. 아니, 할 수 없었다. 당장이라도 무너져 내릴 것만 같아서. 깊은 침묵이 우리 사이를 가득 채웠다. 무겁고 선명한, 어떤 말로도 감당할 수 없는 슬픔이 조용히 스며들었다.

집에 도착하자 줄지어 놓인 임신 테스트기와 초음파 사진이 눈에 들어왔다. 약봉지를 쥔 손에 힘이 들어갔다. 그제야 모든 것이 현실로 다가왔다. 거친 숨과 함께 꾹 참아왔던 눈물이 차올랐다. 병원에 가기 전까지만 해도 "잘 자랐을 거야, 걱정하지 마." 씩씩하게 말하던 남편이 거실 바닥에 힘없이 주저앉아 참았던 울음을 터뜨렸다. 어깨를 들썩이며 꺽꺽 소리를 내는 모습이 낯설도록 아팠다. 우리는 서로를 부둥켜안은 채, 같은 아픔을 온몸으로 견뎠다.

임신을 준비하면서, 아기가 잘 자라길 바라는 마음으로 소고기, 추어탕, 미역국, 시금치, 두유. 몸에 좋다는 건 무엇이든 챙겨 먹었다. 하지만 이제, 아무것도 먹고 싶지 않았다. 약을 먹어야 하니 억지로 뜬 몇 숟가락의 밥이 입안에서 작은 돌멩이처럼 굴러다녔다. 삼킬수록 속이 무거워졌고, 몸속 깊은 곳까지 돌덩이가 가라앉는 듯했다.

아직 보내줄 준비가 되지 않았는데, 참 잔인했다. 차마 뜯지 못한 약봉지는 손끝에서 점점 너덜너덜해졌다. 조심스럽게 약을 꺼내 입에 넣고 물을 머금었다. 그런데 도저히 삼킬 수 없었다. 한참 동안 입안에 약과 물을 머금은 채 가만히 있었다. 흐르는 눈물과 함께 겨우 약을 삼켰다.

몸도 아는 걸까. 온 장기가 약을 거부하는 듯했다. 위가 조이는 듯한 통증이 몰려왔고, 속이 메스꺼웠다. 변기를 붙잡고 몇 번이고 게워 냈다. 속이 쓰라렸다. 그렇게 사흘 동안 약을 먹었다. 하지만 아무런 반응이 없었다.

나는 조용히 배 위에 손을 얹었다.

"아가, 이제 가도 괜찮아. 너무 걱정하지 마. 건강하게 꼭 다시 와줘."

내 말이 들렸던 걸까. 거짓말처럼 그날 저녁 식은땀이 흐르고 배가 아팠다. 아기는 그렇게 떠났다.

그날부터 내 삶도 멈춰버렸다. 뜯겨 나간 마음은 아물 기미조차 보이지 않았다. 그렇게 좋아하던 책이 더 이상 눈에 들어오지 않았고, 매일 써오던 글도 한 자도 쓸 수 없었다. 아침마다 입버릇처럼 외치던 긍정 확언도 목구멍에 걸려 나오지 않았다. 평소 낮잠 한 번 자지 않던 내가, 시간의 흐름조차 가늠할 수 없는 채로 침대에 누워 하루하루를 흘려보냈다.

무의미한 시간 속에서 내가 할 수 있는 일이라곤 핸드폰을 붙잡고 맘카페의 유산 관련 질문방을 들여다보는 것뿐이었다. 하루에도 수십, 수백 번씩 카페를 들락거렸다. 비슷한 아픔을 겪은 사람들의 글을 읽으며 그 속에서 나를 발견했고, 때로는 감히 헤아릴 수도 없는 상실의 무게에 숨이 턱턱 막혔다. 글을 읽기만 해도 그들의 심정이 고스란히 전해졌다.

글에 달린 댓글들을 보았다. 서로를 감싸안는 따뜻한 말들. 그 온기 속에서 나도 모르게 위로를 받았다. 나도 조심스럽게 마음을 나누고 싶었다. 어떤 말을 적어야 좋을지 한참 키보드 위를 맴돌다 용기를 내어 내 이야기를 꺼냈다. 이름도, 나이도, 사는 곳도, 직업도 알지 못하는 사람들이었지만, 같은 아픔을 겪었다는 이유만으로 우리는 서로에게 마음을 내밀었다.

사람들과 마음을 나누면서 찢어진 마음의 가장자리가 서서히 맞물려 갔다. 우리는 서로에게 섣부른 위로를 건네지 않았다. 괜찮다고 애써 덮어두고 싶지 않았으니까. 그저 마음껏 슬퍼하며 아픔을 있는 그대로 받아들였다. 지친 마음을 조용히 감싸안고 부드럽게 토닥였다. 그리고 나는 비로소 나 자신에게도 말할 수 있었다. 이건 누구에게나 일어날 수 있는 일이었음을. 나는 최선을 다했음을. 조용히 스스로를 안으며 속삭였다.
  "수고했어, 유진아."

백소정

알함브라 유령의 추억

디리리링 디리링 디리리링-

「알함브라 궁전의 추억」이 울려 퍼지자, 천둥소리와 함께 화면이 스산한 분위기로 바뀌었다. 게임 속 유령이자 버그인 차형석이 피 묻은 얼굴로 또다시 나타나 현빈에게 장검을 휘둘렀다. 현빈의 반격으로 차형석은 홀연히 사라졌고 심각한 표정의 현빈은 그가 사라진 자리를 가만히 쳐다봤다.

저 클래식기타 곡이 문제였다. 저 소리가 들리기만 하면 몇 번이고 죽었던 차형석이 불쑥 나타났고 드라마는 순식간에 호러가 되었다. 공포 영화, 공포 소설, 공포 이야기라면 치를 떨며 피했는데 로맨스 드라마에서 유령을 보다니 낭패였다.

그날 밤, 드라마가 끝나고 잠자리에 들자 몸이 아프기 시작했다. 물수건을 이마에 갖다 대고 타이레놀을 먹어도 차도가 전혀 없었다. 두 겹을 덮은 이불이 무색하게 급격하게 한기가 들었고, 조금 지나자 온몸이 땀으로 흠뻑 젖었다. 땀방울이 기모 잠옷 위에 맺혀 그대로 몸을 타고 흘러내렸다. 머리가 아파왔다. 누가 뒤통수를 칼로 도려내는 것 같았다. 통증은 간헐적으로 찾아왔다. 예측이라도 해보려고 마음속으로 숫자를 세었다. 찌릿. 칼날이 불현듯 스치는 순간, 어깨가 저절로 오그라들었다. 생전 처음 겪는 고통이었다.

이비인후과에서는 편도염이라고 했지만 상태는 나아지지 않았다. 병명을 특정하지 못한 채 고열과 몸살에 시달리며 보름이 지났다. 낮에는 견딜 만했으나 밤이 문제였다. 자정이 가까워지면 열이 오르면서 통증이 시작됐다.

원인 모를 통증이 느닷없이 찾아오는 밤이 반복되자 「알함브라 궁전의 추억」과 함께 등장하는 유령이 자꾸만 떠올랐다. 밤이 올 때마다 불안과 공포가 나를 짓눌렀다. 언제 아플지 몰라 불안했고, 알고 있는 고통을 또 겪을까 봐 공포스러웠다. 앙다문 이와 찡그린 얼굴로 긴 밤을 버티고, 날이 밝으면 수액을 맞으러 병원에 가는 게 통증을 줄이는 유일한 방법이었다.

며칠 열이 나지 않던 날이었다. 몸이 어느 정도 괜찮아진 것 같아 바람을 쐬러 여행을 떠났다. 나아졌다는 건 착각이었다. 자정이 되자 몸이 떨리기 시작했고 이마에 식은땀이 흘렀다. 역시 해열제 따위는 들지도 않아 119를 누를 수밖에 없었다. 여행은 망했고 나는 절망했다. 언제 들이닥칠지 모르는 병은 일상을 앗아갔고 그 어떤 계획도 세우지 못하게 만들었다. 불안과 무기력의 나날들이 손을 쓰지도 못한 채 흘러갔다.

그러던 어느 날, 어떤 블로그에서 내 증상과 비슷한 병을 발견했다. '기쿠치병'이었다. 목 옆부분에 잡히는 멍울과 약을 써도 듣지 않는 고열이 모두 맞아떨어졌다. 고통을 줄이기 위해 스테로이드를 쓰기는 하지만 서너 달이 지나면 서서히 괜찮아진다고 했다. 자가면역질환이라 치료법이 딱히 없다고도 했다.

생각해 보면 이미 몸은 수차례 신호를 보내고 있었다. 몇 달간 설명되지 않는 고관절 통증으로 다리를 절었고 발볼이 퉁퉁 부어올랐지만 그냥 지나가는 증상이려니 했다.

그 무렵엔 주말에 단 하루도 쉬지 않고 일을 했다. 저녁을 거르고 늦게 퇴근했고 주말에는 각종 출장으로 의미 없는 행사에 쫓아다녔다. 나는 나를 소진하고 있었다. 지독한 사랑과 지난한 싸움의 결말이 낳은 이별 때문이었다. 관계의 끝을 받아들이지 못하고 처음에는 그를 미워하다 결국 나에게 원망의 화살을 돌렸다.

자가면역질환이라는 이놈의 병은 내가 나를 미워하고 갉아먹던 마음이 세포로 발현된 것이었다. 어딘가에서 갑자기 나타나 여기저기를 들쑤시는 몸 안의 버그가, 내가 만든 그 버그가 알함브라의 유령처럼 예고 없이 등장한 것이다.

세 번째로 찾아간 병원에서 기쿠치병이 맞는 것 같다며 스테로이드를 처방해 주었다. 그날부터 차츰 열이 내리기 시작했다. 다리는 계속 절었으나 밤중에 갑작스럽게 열이 나지 않는 것만으로도 사람답게 살 수 있을 것 같았다.

오랜만에 친한 동생 민이가 엄나무 삼계탕을 사주겠다며 교외로 나가자고 했다. 엄나무 삼계탕이라니. 애늙은이 민이다운 메뉴 선정이었다. 내가 왜 할머니 취급이냐고 툴툴거리자, 민이는 엄나무가 관절염과 면역력 증진에 좋으니 먹고 젊어지라며 놀려댔다.

가톨릭 신자인 민이는 근황 토크 끝에 설교 말씀을 쏟아냈다. 미워하는 마음이 곧 지옥이라고 했다가 신은 견딜 수 있는 고통만 준다고 했다가. 마지막엔 곧 괜찮아질 거라고, 기도해 주겠다고 했다. 역시 민이다운 말이었다. 따뜻하고 고마웠다. 누군가가 나를 위해 기도해 준다는 게 오랜만이었다. 민이에게 신앙심을 테스트할 좋은 기회라며 웃어넘겼지만, 사실은 조금 울고 싶었다.

다음 날 신기한 일이 벌어졌다. 땅바닥에 발을 디뎌도 통증이 느껴지지 않았다. 습관처럼 확인하던 목의 멍울도 사라졌다. 민이의 말이 이루어진 것이다. 시간이 지나서인지, 엄나무 삼계탕 효능인지, 민이의 기도발 덕인지 모르겠으나 오랜 시간 나를 괴롭히던 기쿠치병이 드디어 사라졌다.

병은 나았지만, 그 그림자는 여전히 남았다. 염증세포가 어딘가에 숨어 있는 것 같아 찝찝함은 쉽게 가시지 않았다. 열이 다시 오르면 어떡하나, 두통이 시작되면 어떡하나 겁이 났다. 어딘가 조금만 아파도 병이 재발한 게 아닐까 두려웠다.

조치가 필요했다. 지난번에 처방받았다가 남은 스테로이드를 가방에 넣어 부적처럼 가지고 다녔다. 유럽 여행을 갈 때도, 근처 도시에 출장을 갈 때도, 친구 집에 묵을 때도, 스테로이드 부적을 항상 먼저 챙겼다. 실수로 약을 두고 오면 괜스레 불안했다. 혹시 밤에 열이 오르진 않을까 하고. 그렇게 오랫동안 약을 지니고 다녔다.

몇 년이 지나도 병은 찾아오지 않았다. 그러다 깨달았다. 끝이 난 기쿠치를 붙잡고 있는 건 어리석은 나라는 것을. 이미 사라진 고통과 고열의 밤을 계속 되돌리고 떠올리는 것도, 치유된 병을 마치 알함브라의 유령처럼 끊임없이 되살리고 있는 것도 모두 나였다. 나는 있지도 않은 통증을 스스로 트라우마로 각인시켜 고이고이 간직하고 있었던 것이다.

가방에 있던 약을 꺼냈다. 처방된 지 한참이 지나 약효도 진작에 사라진 스테로이드였다. 너덜너덜해진 약 봉투를 보며 내가 만든 불안감에서 이제 해방되어야겠다고 생각했다. 그때의 공포도 두려움도 염려도 원망도 그리고 미련도 모두 떠나보내야 할 환영일 뿐이었다.

약 봉투를 찢고 하얀 알약을 폐약통에 버렸다.

툭-.

손가락 사이로 약이 가볍게 빠져나갔다. 떨어진 알약들이 목적을 잃고 초라하게 뒹굴었다. 놓아주는 순간, 모든 것이 끝났다.

오랜만에 「알함브라 궁전의 추억」을 들었다. 그때의 공포가 떠오를까 봐 몇 년 동안 틀지 못했던 비운의 곡이었다.

디리리링 디리리링 디리리링-

클래식 기타의 부드러운 선율이 방안을 가득 채웠다. 더 이상 창백한 얼굴로 피 흘리고 있는 차형석이 떠오르지 않았다. 두려움을 불러오던 기타 소리는 이제 온전히 음악이 되어 흘렀다. 정교하고 서글픈 현의 울림이, 마침내 아름답게 들렸다.

안지혜

함께 자라는 중

"살고 싶다는 것은 내게 소원이나 희망, 바람 같은 게 아닙니다. 엄마로서 내가 해야 하는 최소한의 의무이자 책임, 나는 결코 그 의무를 저버리지 않겠습니다. 열심히 살아야죠. 성년이 될 때까지 제가 그늘막이 되어 줘야죠. 되어 줄 수 있어요."

항암 치료의 고통과 다가오는 죽음의 공포 속에서도 아이들을 위해 삶의 의지를 다지는 결연한 눈빛. 사랑하는 아이들을 바라보며 미소 짓는 얼굴. 위암 말기, 3차 항암 치료 중인 풀빵 엄마. 다큐멘터리 속 그녀를 본 후, 거울 속 텅 빈 눈의 나를 보며 생각했다.

'저렇게 아픈 사람도 아이들을 위해 삶의 의지를 불태우는데, 도대체 나는 왜 아이들을 위해 살지 못하는 걸까.'

임신했을 때, 빈속이면 매슥거리고 먹으면 토했다. 점점 무거워지는 몸 때문에 걷는 것은 물론 숨 쉬는 것도 힘들었다. 아이가 태어나면 몸은 편해지겠지 생각했지만, 아니었다. 육아는 임신과는 차원이 달랐다. 2시간 이상 통잠을 잘 수 없었다. 하루 종일 먹이고 재우고 씻기고 놀아주고 안아주어야 했고, 아이를 향해 혼자 묻고 대답하고 또 말해야 했다. 아이가 조용하면 숨은 쉬고 있는지 불안했고, 울면 안아서 달래느라 진이 빠졌다. 아이라는 존재는 행복만 줄줄 알았는데 그렇지 않았고, 그런 생각을 하는 나를 보며 죄책감을 느꼈다.

수많은 선택의 순간 반드시 결정을 내려야 하고, 그 결과에 책임져야 하는 게 육아였다. 너무 많은 선택지에 당황했고, 결정하는 게 부담스러웠으며, 그 결과에 책임져야 한다고 생각하니 무서웠다. 차마 말로 표현할 수 없는 감정에 휩싸였다.

'도망치고 싶다.'

몸이 아프기도 했지만, 마음이 몸을 더 꼼짝 못 하게 만들었다. 분유를 타기 위해 젖 먹던 힘까지 써야 했고 울고 있는 아이를 달래기는커녕 함께 울었다. 놀아달라고 조르는 아이에게 짜증이 났다. 아이와 놀아줄 힘도, 놀고 싶은 마음도 없었다. 아이를 향해 모진 말과 행동을 쏟아낸 날이면 내가 미친 건가 싶어 눈물이 났다. 오늘 하루만 힘든 거면 참고 견딜 수 있겠지만, 이 생활에 끝이 보이지 않아 숨이 막혔다. 사고가 나던가, 죽을병에 걸려 육아에서 벗어나고 싶다는 생각이 가득했다.

결혼하면 당연히 아이를 낳아야 한다고 생각했다. 왠지 나는 완벽한 엄마가 될 것 같았다. 태교부터 육아, 학업, 인성 지도까지 다 잘할 거란 예감이 들었다. 내 생각이 큰 착각에 불과했다는 걸 오래지 않아 알게 됐다.

내가 꿈꾸던 완벽한 엄마와 현실 속 나의 괴리감 때문에 더 힘들었다. 아이들에게 건강한 것을 먹이고 좋은 옷을 입히고 자신의 모든 것을 희생하며 아이를 키우는 엄마들을 보면 내가 한심했다. 아이를 낳은 후 삶이 변했고 삶의 의미를 찾았으며 아이를 위해서라면 못 할 것이 없다는 엄마들의 말을 들으면 내가 더 싫어졌다. 모성애도 없는, 자신조차 제대로 책임지지 못하는 덜된 인간인 내가 아이를 낳았다는 게 죄악 같았다.

아이가 한창 걸음마를 할 때였다. 소파에 무기력하게 앉아 있는데, 아이가 아장아장 걸어 내 무릎으로 기어 올라왔다. 귀찮았다. 아이를 들어 바닥에 내려놓았다. 아이는 다시 내 무릎으로 기어올랐다. 눈치라곤 없는 아이에게 살짝 짜증이 났고 더 먼 바닥에 내려놨다. 아이는 해맑게 웃으며 다시 나에게 다가왔다. 슬슬 화가 났다.

"저리 좀 가라고!"

소리치며 아이를 안방에 내려놓고 소파로 돌아왔다. 아이는 까르르 까르르 숨넘어갈 듯 웃으며 뒤뚱뒤뚱 나를 쫓아와 내 무릎을 안았다. 아이는 놀이인 줄 아는 것 같았다. 나를 올려다보며 또 자기를 들어 옮겨달라는 눈빛을 보냈다. 순간 어이가 없어 '픽'하고 웃음이 났다. 웃으니 힘이 났다. 아이를 힘껏 안아 올려 원하는 만큼 더 놀아주었다. 우울과 무기력에 잠식되어 있었는데, 무해하게 웃는 아이와 함께 나도 웃고 있었다.

운명 같은 계기나 마법 같은 방법을 만나 무기력과 우울감을 극복했다고 말할 수 있으면 좋겠지만, 글쎄. 나는 극복하지 못했다. 그저 무기력했다가 괜찮아지기를 반복하며 하루하루 버텼다. 내가 주는 것보다 더 큰 사랑을 주는 아이들에게 감사하며 나를 지켜냈다. 그랬더니 이틀 힘들고 하루 괜찮았던 날들이 하루 울고 이틀 웃는 날로, 하루 우울하고 일주일 행복한 날들로 서서히 변해갔다.

나는 여전히 아이를 위해 살아가겠다거나 아이만이 내 삶의 이유는 아니다. 육아는 여전히 힘들고 귀찮은 일투성이다. 그래도 이젠 무기력과 우울감이 찾아와도 두렵지 않다.

엄마 14살, 나도 제법 많이 자랐으니까.

"

이틀 힘들고 하루 괜찮았던 날들이
하루 우울하고 일주일 행복한 날들로
서서히 변해갔다.

4장

감칠맛나고나

안
지
혜

다시 잡은 손

앞뒤로 흔들리고 있는 그의 손등과 나의 손등이 닿을 듯 말 듯했다. 드라마에서 보던 장면처럼 손가락이 움찔움찔했다. 그의 손을 잡고 싶다는 생각이 머릿속에 가득 찼지만 쉽게 행동으로 옮기지 못했다. 그가 나를 어떻게 생각할지, 손을 잡지 않으려고 하면 어떡하지 같은 하찮은 고민이 나를 망설이게 했다. 손에 난 땀을 옷에 스윽 닦고는 용기를 내 그의 손으로 다가갔다. 술김에 처음 손을 잡았던 때보다 더 심장이 두근거렸다. '후~' 깊은숨을 내쉰 후 마침내 그의 손을 잡았다. 어색하고 민망했다. 흠칫 놀라던 그도 어색한 눈치였다. 애써 민망함을 감추고 아무 일도 아니라는 듯 이야기를 주고받았다. 억겁 같았던 찰나의 시간이 흘렀고 로봇처럼 삐그덕거렸던 두 손은 사분의 이박자 리듬을 타며 우리 사이를 가볍게 오갔다. 아니, 함께 아이 둘이나 만든 부부가 손잡는 게 이렇게 어려울 일인가!

첫째가 태어난 후 우리는 부모라는 역할에 적응하느라 정신이 없었다. 처음 느껴보는 책임감과 부담감에 마음은 늘 조마조마했다. '나 힘들어, 내가 더 힘들어'하는 힘겨루기로 고단했고, 서로에 대한 불만이 부글부글 끓는데도 넘치지 않게 하느라 매 순간 아슬아슬했다. 감정싸움을 피하고 싶어 육아와 집안일을 칼같이 분배하는 데 많은 에너지를 할애했다. 육체적으로도 정신적으로도 피곤한 나날이었다. 이런 과정을 거쳐 4년 뒤 둘째가 태어났을 땐 우리는 능숙했고 덜 예민했으며 완벽한 육아 동지가 되어 있었다.

우리 사이엔 늘 아이가 있었다. 외출하면 한 사람은 아이를, 다른 한 사람은 아이를 위한 짐을 책임졌다. 아이가 둘이 되었을 땐 각자 아이 한 명씩을 맡았다. 집에서도 늘 아이들만 바라보고 아이들 이야기만 했다. 잘 때도 나는 아이와 자고 그는 다른 방에서 자니 서로를 바라볼 시간이 거의 없었다. 그렇게 공평한 분배를 외치고 아이들만 바라보는 사이, 우리는 손을 잡지도 마음을 나누지도 않는 관계가 되었다.

둘째 돌이 지나고 늦더위가 기승이던 어느 날, 문득 우리에게 너와 나는 없고 부모라는 역할만 남았다는 걸 깨달았다. 아이들에게 우리가 필요하듯 서로에게 서로가 필요하다는 걸 잊고 살았다. 아이들을 보며 웃고 있지만 마음은 공허했다. 불타던 연애 시절과 깨를 볶던 신혼 생활이 떠올라 침울했다. 그 시간으로 돌아가고 싶었다. 그에게 솔직한 내 마음을 털어놓았다.

"난 우리가 부모로만 사는 게 싫어. 자기와 나 사이의 관계 회복에 노력했으면 해."

아이들만 바라보던 시선을 서로에게 나누기로 하고, 어색함과 민망함을 참으며 그렇게 우린 다시 손을 잡았다. 아무리 오랫동안 손을 놓고 지냈기로서니, 부부인데 다시 손잡는 일이 이렇게 어색하고 힘들 줄은 상상도 못 했지만.

그날 이후, 우리의 일상은 조금씩 달라졌다. 마주 앉아 눈을 맞추고 우리의 이야기를 했다. 다정한 말투로 일상을 공유하고 감정을 나누었다. 오며 가며 장난을 주고받고, 서로의 개그에 배를 잡고 웃었다. 공평한 분배 말고 상대의 고단함을 먼저 헤아리고 배려했다. 의무와 책임만으로 버텨내던 시간이 서서히 즐겁고 행복한 시간으로 바뀌었다. 공허했던 마음은 기쁨으로 채워졌고 맞닿은 손으로 서로를 향한 사랑을 주고받았다.

"엄마가 아빠 손잡을 거야."

길을 걸을 때면 아빠 열성팬인 둘째와 그의 옆자리를 두고 실랑이를 벌인다. 아빠 손을 빼앗겨 뾰로통한 표정의 아이를 뒤로하고 그의 곁을 지켜낸 승리감에 우쭐한다. 추운 겨울, 그가 깍지 낀 손을 자신의 호주머니에 넣고 꼬옥 감싸줄 땐 마음마저 따뜻해진다.

분리수거를 하고 집으로 돌아오는 잠깐에도, 혈당 스파이크를 잠재우기 위해 집 앞 놀이터를 뱅글뱅글 돌 때에도, 아파트 장터에 회오리 감자를 사러 갈 때에도, 아이들과 공원에 캐치볼을 하러 갈 때에도, 영화관에서 영화를 볼 때에도, 작은 우산 하나로 비를 피할 때에도, 목적지 없이 하염없이 걸을 때에도 우리는 손을 잡는다. 우리 사이를 그 누구도 갈라놓을 수 없다는 듯. 그렇게 손을 잡았을 때 행복이 차오르고 하루를 살아갈 힘을 얻는다.

앞서 걷던 그를 불러 세우고 그를 향해 내 손을 내민다. 뒤를 돌아본 그가 걸음을 멈추고 손을 내민다. 우리의 손이 점점 가까워지면서 결국엔 만나는 그 순간이 나는 참 좋다.

정유진

매일 듣고 싶은 목소리

하루를 마무리하고 거실 의자에 덩어리진 몸을 축 늘어뜨렸다. 창밖의 불빛이 하나둘 눈에 담길 때, 습관처럼 핸드폰을 바라봤다. 올 때가 됐는데 싶은 순간, 어김없이 핸드폰 진동이 울렸다. '우리 할머니'. 화면에 떠오른 익숙한 이름을 보자 광대가 볼록 솟아올랐다. 광대만큼이나 들썩이는 손으로 통화버튼을 눌렀다.

"여보세요? 유진이가?"

전화기 너머로 할머니의 구수한 사투리가 들렸다. 먼저 전화를 걸고도 받는 사람보다 더 빨리 "여보세요!"를 외치는 할머니. 매일 들어도 반가운 할머니 목소리에 푸시시 웃음이 새어 나왔다.

"밥 먹었나? 많이 먹었어? 오늘 잘했나? 따시게 입고 갔어? 내복은 입었고?"

리듬감 있게 오르락내리락하는 할머니의 정겨운 말 가락에 늘어진 몸이 저절로 일으켜졌다. 나는 어린아이처럼 들떠 하루의 작은 일까지 할머니에게 쪼르르 이야기했다.

"할머니, 내가 오늘 출근하는 길에 도시락을 집에 두고 온 게 생각난 거야. 그래서 다시 집에 갈까 말까 고민하다가 그냥 출근했어. 나 진짜 덤벙대지?"

"에이, 그럴 수도 있지. 근데 도시락 없어서 점심 못 먹은 거 아닌가?"

"아니! 다행히 출근길에 편의점 있어서 먹을 거 사 갔어."

"아이고, 잘했네. 깜빡한 건 괜찮다. 두고 온 건 저녁에 먹으면 되지."

할머니가 해주는 '괜찮다', '그럴 수 있다'라는 말은 언제 들어도 좋다. 할머니 품처럼 포근히 안아주는 말이라서. 할머니의 토닥이는 손길처럼 따스한 말이라서.

그 후로도 나는 할머니에게 쉴 새 없이 나의 일상을 시시콜콜 이야기했다. 출근길에 만난 사람, 직장에서 있었던 작은 에피소드, 퇴근길에 본 하늘, 오늘 입은 옷, 날씨, 점심 메뉴, 저녁에 만든 요리 실패담 등.

매일 비슷한 일상이지만 할머니는 매번 새로운 듯 내 이야기를 들어 주었다. 쫑알쫑알 말하는 나를 귀여워하며 내 모든 말에 사랑이 듬뿍 담긴 추임새를 아끼지 않았다. 하나라도 할머니에게 더 말하고 싶어 하루를 머릿속으로 찬찬히 되새겨 보았다. 신기하게도 사소한 순간도 의미가 생기고, 그냥 지나쳤던 장면도 생생하게 되살아났다.

"할머니는 오늘 뭐 했어?"

금요일은 할머니도 이야깃거리가 많은 날이다. 할머니는 금요일마다 노래 교실에서 트로트를 배운다. 노래를 배우고 나면 꼭 나에게 알려준다. 좌르륵 노래책을 펴며 퍽 퍽하고 까끌까끌한 목을 가다듬는 소리가 들렸다.

"오늘 노래 교실에서 안성훈이의 「좋다!」 배웠는데 한번 들어 볼래?"

"장구를 울려라~ 북을 울려라~ 징징 꽹과리를 울려라~"

전화기 너머로 할머니 모습이 그려졌다. 눈이 잘 보이지 않아 노래책에 얼굴을 묻고, 주름 사이사이 흥겨움을 가득 없어 열창하는 할머니. 간드러진 할머니 목소리는 노래에 감칠맛을 더했다. 한바탕 신나는 공연을 마치고, 할머니는 늘 그랬듯 "유진이 니도 따라 해봐라." 하며 한 소절씩 노래를 불러주었다.

내가 할머니에게 트로트를 배우기 시작한 건 5살 때였다. 예나 지금이나 할머니는 좋은 노래를 들으면 꼭 나에게 알려주었다. 내가 가장 먼저 배운 노래는 「꽃을 든 남자」였다. 꽃이고 남자고 꽃을 든 남자고 아무것도 모르면서 어깨를 들썩거리고 엉덩이로 탬버린을 치며 할머니가 불러주는 노래를 따라 불렀다.

할머니는 나에게 처음 '흥'이라는 걸 가르쳐준 사람이다. 맞벌이하는 부모님을 대신해 더 큰 사랑으로 나를 키워주었다. 나도 할머니에게 받은 사랑을 되돌려 주고 싶은 마음에 무수히 많은 '언젠가'의 약속을 했다.

"할머니, 내가 나중에 커서 의사 되면 할머니 다리 고쳐줄게."

"할머니, 나 이제 선생님 됐으니까 돈 모아서 해외여행 같이 가자."

"할머니, 내가 이번 일만 끝나면 놀러 갈게."

하지만 야속한 세월 앞에 할머니 건강이 약해지면서 대부분의 약속을 지킬 수 없게 되었다. 그래서 결심했다. 당장 할 수 있는 걸 하자. 그 첫 시작이 할머니와 매일 통화하기였다. 할머니가 제일 좋아하는 노래 같이 부르기, 할머니의 옛이야기를 언제나 처음 듣는 것처럼 경청하기, 살아온 세월보다 살아갈 세월이 많은 내가 할머니의 소중한 청춘을 오래 간직하기.

그렇게 시작한 통화가 서로에게 일상이 되었다. 전화를 끊을 때도 정해진 우리만의 마무리가 있다. 할머니는 시간에 상관없이 간식을 챙겨 먹으라고 하고, 내일도 내복 입고 따시게 출근하라고 신신당부한다. 나 역시도 할머니에게 추우니까 보일러 틀고 자야 한다고, 따뜻한 이불 덮고 주무시라고 거듭 이야기한다.

매일 들어도 여전히 반가운 목소리, 언제나 듣고 싶은 정겨운 사투리. 자꾸자꾸 듣고 싶은 할머니 목소리를 내일도 모레도 끝없이 듣고 싶다.

"유진이 사랑해, 내일 또 전화할게."

"나도 할머니 사랑해, 내일도 전화해 줘."

해나

안녕이란 말의 하루

안녕이라는 인사말을 좋아한다. 누군가의 일상 속 한 지점과 교차하는 첫 순간이자, 서로의 미소와 인사말을 통해 안부를 묻는 그 멈춤의 장면이 따뜻해서 좋다. 실제로 '안녕하십니까'의 '안녕'은 편안할 안(安), 편안할 녕(寧)으로 '당신은 편안하십니까, 걱정 없이 무탈하십니까'라는 뜻을 품고 있다.

정신없는 아침 출근길, 주차장에 차를 대고 후문 현관으로 들어서다 이른 아침부터 분리수거를 하는 학생들을 만났다.

"엇! 선생님, 안녕하세요!"

"안녕! 학교 일찍 왔네. 이야~ 아침부터 성실한데?"

"으하하! 제가 원래 이렇게 훌륭합니다!"

"선생님, 이 친구 다 가식입니다!"

엄지를 들어 최고라고 해주니 아이들이 활짝 웃고는 더 열심히 분리수거를 한다. 서로 가식이라며 놀리는 투덜거림이 귀엽게 들린다. 1층 복도를 지나다 아침 방송을 준비하는 학생들과 마주쳤다.

"선생님, 안녕하세요! 오늘 코트 예뻐요!"

"안녕! 너 야구 잠바도 예쁘다!"

"앗, 정말요?"

"야, 이제 방송 틀 준비해야 해. 빨리 들어와! 선생님, 안녕하세요!"

아이들이 까르르거리며 들어간 방송실에 ON이라는 빨간 불이 뜬다. 방송반 아이들의 재잘거리는 소리를 들으며 교무실 문을 들어서는데 또 다른 아이들이 우르르 현관으로 입장한다.

"쌔에엠~! 오늘도 안녕하십니까!"

"충성!"

"친한 척 좀 하지 마!"

"제가 관리하겠습니다! 들어가십시오!"

시끌벅적하게 서로의 일상과 마주하는 순간들이 쌓이면 좋지 않았던 날씨, 무심코 밟은 흙탕물 같은 불평거리가 기억 속에서 옅어지고, 어느새 마음이 맑게 갠다. 숱한 인사와 함께 서로의 삶이 무탈한지 눈에 담으며 교실에 들어간다. 내가 아는 이야기를 수업이라는 이름으로 나누다 보면 어느덧 퇴근 시간이다.

퇴근 후에는 아이를 마중하기 위해 동네 길을 걷는다. 겨울이면 초등학교 앞에 황금 잉어빵을 파는 아저씨가 있다. '붕어빵도 아니고 황금 잉어빵은 뭐지?' 생각하며 천 원짜리 세 장을 내고 잉어빵을 품에 안았다. 노릇노릇하고 바삭바삭한 잉어 모양 튀김 안에 통통한 자줏빛 팥이 한가득 있었다. 한입 베어 무는 순간, 너무 맛있어서 잉어였는지 붕어였는지 상관없어졌다. 찬 바람이 목도리와 코트 틈 사이를 비집고 들어오려고 애쓰지만 잉어빵의 따뜻한 김과 혀끝의 달콤함 덕분에 덜 춥다는 생각이 든다.

잉어빵을 베어 물고 걸어가는데, 동그란 눈동자와 마주

쳤다. 동그란 눈동자의 아이는 입을 조그맣게 오므려 "안녕!"이라고 말한다. 그리곤 주머니에 쏙 집어넣었던 앙증맞은 손을 꺼내 들고 흔든다.

때때로 크게 소리쳐서 인사하는 아이들도 있다.

"어! 하율이 엄마다! 안녕하세요!"

아이 없이 혼자 있는데도 그저 친구 엄마를 길에서 우연히 만난 것이 신기한가 보다. 늘 해맑게 웃으며 안녕을 전하는 아이들 덕에 내 입가에도 미소가 번진다.

"선생님, 안녕하세요. 얘들아, 안녕!"

미닫이문을 드르륵 열고 학원 선생님들과 아이들과도 인사를 한다. 아이들이 늦은 시간까지 그림을 그릴 때 가끔 닭강정과 도넛을 사줬더랬다. 어쩐지 더 열심히 인사해주는 것 같다.

이별과 가난, 사건 사고에 잠식되어 살던 때가 있었다. 그때는 세상의 모든 짐을 이고 진 사람처럼 삶을 심각하게 바라보면서 살았다. 어쩌면 우울함을 무기로 내세운 허세였는지도 모른다. 실은 누군가와 나누는 작은 인사만으로도 구겨진 마음을 펼 수 있었는데, 그때는 그걸 몰랐다.

누군가의 엄마, 누군가의 아내, 누군가의 딸, 누군가의 지인, 어떤 동네의 주민, 길 위의 사람. 그렇게 누군가와의 관계 속에, 삶의 장면 속에 존재하며 하루를 지낼 수 있는 것. 그 자체가 얼마나 다행하고 감사한 일인지 조금 늦게 알았다. 봄, 여름, 가을, 겨울 어떤 날이든, 아침, 점심, 저녁 어떤 시간이든, 모두 다른 모든 날은 그 자체로 빛난다. 같은 듯하지만 조금씩 다른 온도의 하루들은, 무얼 하든 새로운 일상의 하루로 흐른다.

해가 조용히 뜨고, 달빛이 고요히 내린다. 잠자리에 든 아이의 귓가에 "안녕." 작은 인사로 밤이 어둠으로 맺히고, 다정한 하루가 끝난다.

지우

알라딘의 요술 램프

일요일 늦은 밤, 지난 한 달 동안 읽은 책들을 책장에서 꺼낸다. 보관할 책, 선물할 책, 그리고 판매할 책으로 나눈 후 책가방을 싼다. 내일은 알라딘에 책 팔러 가는 날. 부푼 마음을 안고 두둑해진 책가방을 현관에 내놓는다.

책가방은 무겁지만 걷는 길은 즐겁다. 봄날의 기운이 따스하다. 집에서부터 걸어서 10분. 도착해 번호표를 뽑고 잠시 대기한다. 월요일이라 그런지 아침부터 책을 팔러 온 사람이 많다.

드디어 내 차례다. 알라디너와 눈을 맞추고 인사한다.

조심스럽게 책들을 선반에 올려놓는다.

"알라딘 회원이세요?"

늘 정겨운 그 말. 그럼요, 회원이죠!

"이 책은 흠집이 있어서 최상을 못 해 드려요."

그럴 순 없다. 그 흠집은 책이 배송 올 때부터 있던 것이었다. 요즘 알라딘 배송 상태가 썩 좋지 않다. 간혹 너무 심하게 구겨져서 오면 교환 요청을 할까 하다 빨리 읽고픈 마음에 그만둔다. 어딘가에 찍히고 구겨진 책도 책이니까. 그들도 읽히고 싶을 테니까. 이미 구겨진 책을 보듬어 줄 겸 나는 책을 깨끗이 읽는다. 접지도 않고 밑줄도 치지 않는다. 그러니 나에게 그 책은 늘 최상이다. 배송받을 때부터 상태가 그랬다고 말하니, 다행히 최상으로 처리해 준다.

이번 달에도 3만 원 넘게 책을 팔았다. 역시 신간을 많이 쳐준다. 예치금을 두둑이 챙겼으니, 다시 쓸 때이다. 서점 내를 신중히 한 바퀴 돈다. 기다리던 『이중 하나는 거짓말』이 쏟아져 나와 여기저기 전시 중이다. 제일 깨끗한 한 권을 가슴에 소중히 품었다. 이번엔 검색대로 간다. 요즘 푹 빠진 하라다 히카의 책이 들어왔는지 확인했다. 역시 또 한 권 발견! 오늘은 이 두 권과 함께 집에 가기로 했다. 럭키백 할인과 봄맞이 2천 원 할인까지 받아 중고 가격에서 무려 4천 원이나 더 저렴하게 구매했다. 이 맛에 중고서점을 끊을 수가 없다.

몇 년 전, 집 근처에 알라딘 중고서점이 생겼을 때만 해도 나는 그저 구경꾼이었다. 중고책을 보고 나면 왠지 찝찝해서였다. 어릴 때 읽은 책 때문이었다.

책을 좋아하는 선비가 독살당했다. 정황상 누군가 들어온 흔적이 없다. 그런데 어떻게 독살을 당했을까? 정답은 책이었다. 선비는 책장을 넘길 때 손가락에 침을 묻히는 버릇이 있었다. 그걸 안 범인이 책장 끝에 독을 발라두었던 것이다.

그 이야기는 책을 좋아하던 어린 내게 충격 그 자체였다. 그날 이후, 책을 읽고 나면 손을 꼭 씻었다. 강박증은 점점 심해졌다. 어느 날 과학 실험 시간에 알코올램프를 만졌는데 아무리 씻어도 손에 알코올이 들러붙어 떨어지지 않는 느낌이었다. 집에 와 생각 없이 위인전을 펼쳤는데, 다 읽고 나서야 알코올램프가 생각났다. 손은 박박 씻었지만, 책은 씻을 수 없었다. 그대로 구석에 처박아둔 위인전은 그 후로 빛을 보지 못했다. 이런 내가 누가 만졌을지 모르는 중고책을 읽는 건 무리였다.

그러던 어느 날, 우연히 중고서점에 들러 휙 둘러보는데 읽고 싶던 책이 전시되어 있었다. 휘리릭 넘겨보니 새 책처럼 깨끗했다. 어쩌지? 잠시 고민하다 도전해 보기로 했다.

'그래, 이렇게 깨끗한 중고책이라면 괜찮을 거야.'

몇 권을 더 꺼내 만져보고 종이를 몇 장 넘겨봤다. 앞부분을 잠깐 읽어보기도 했다. 손끝에 어떤 느낌이 오는지도 느껴 보았다. 나쁘지 않았다. 이 정도면 새 책이나 다름없었다. 어차피 새 책도 누군가의 손을 거쳐서 나에게로 오지 않는가. 그렇게 나의 중고책 생활은 시작되었다.

재밌는 건 그다음이었다. 중고책을 깨끗이 읽고 알라딘 중고서점에 되팔면 같은 값은 아니지만 꽤 괜찮은 값을 쳐줬다. 읽고, 되팔고, 다시 샀다. 너무 신났다. 깨끗한 책을 저렴하게 구매하는 것도 좋았지만 간혹 책 속에 든 깜짝선물을 발견할 때면 기쁨이 배가 되었다.

언젠가 구매해 뒀다 '이제는 읽어야 할 때'라며 김연수 작가의 『너무나 많은 여름이』를 꺼냈을 때였다. 책장을 펼치는데 무언가 툭 떨어졌다. 김연수 작가의 친필 엽서였다. 정갈하고 동글동글한 글씨체로 '잘 지내는지요?'로 시작하는 글은 이 여름 잘 지내라는 안부가 적혀 있었다. 얼마 전 구매한 장류진 작가의 책 『달까지 가자』는 표지를 열자마자 '달달한 일들만 가득하길 바랍니다'라는 문장이 쓰여있었다. 조그만 달 그림도 너무 귀여웠다. 검색해 보니 초판 1쇄에만 인쇄된 작가의 친필 문구라고 했다. 이런 보물을 발견하는 재미와, 차곡차곡 쌓인 예치금으로 다시 책을 사는 재미에 산책길이 더 즐거워졌다.

무더운 여름 산책에는 잠깐의 그늘과 시원함을 제공해 주고, 추운 겨울에는 찬바람을 피할 수 있는 따스함을 주는 곳. 잠깐의 방문으로도 나에게 힐링 파워를 톡톡히 채워주는 이곳은 평일 낮이면 시니어들의 활력 충전소가 된다. 중절모를 쓴 채 독서에 열중하고 있는 멋쟁이 할아버지 옆엔 책탑이 높이 쌓여있다. 그 옆에는 흰머리를 우아하게 틀어 올린 할머니가 코끝에 안경을 얹고 노트에 책 구절을 필사하고 있다. 강추위가 극성을 부리는 겨울 방학에는 어린이들로 가득하다. 마룻바닥에 엎드려 그림책을 읽는 아이, 뒹굴뒹굴 구르며 책 읽는 형을 괴롭히는 동생,

검색대에서 능숙하게 책을 검색하는 아이. 아이들 모습에 절로 미소가 지어진다. 이곳은 나만의 놀이터인 줄 알았는데, 사실 우리 동네 모두의 놀이터였던 것이다.

오늘도 나는 알라딘에 간다. 이곳 알라딘은 나에겐 문지르면 책과 즐거움이 나오는 요술램프다.

"

달달한 일들만
가득하길 바랍니다.

손혜미

혼술, 괜찮네

 무더운 날씨에 맥주 가게는 성황이었다. 정신없이 생맥주를 따르고 날랐다. 차가운 맥주잔을 잡느라 손이 시려왔다. 모든 테이블에 술과 안주가 나가고 이제 한숨 좀 돌리나 싶은데, 나이 지긋한 남자 손님이 혼자 가게로 들어섰다. 서류 가방과 말끔한 옷차림으로 보아 퇴근길 간단히 맥주 한잔을 하기 위해 들른 듯했다.
 손님은 익숙한 듯 주변을 살피지도 않고 걸음을 옮겨 구석 쪽에 자리를 잡고는 오른손을 살짝 들었다. 냉큼 달려가 생맥주 한 잔과 쥐포를 주문받았다. 살얼음이 살짝 올라온 생맥주와 함께 기본 안주인 대롱 과자를 내어가자 손님이 미소를 지었다. 테이블에 놓인 맥주를 잠시 들여다보더니 이내 맥주잔을 들어 단숨에 절반 넘게 비운다. 그 모습에 나도 모르게 침이 꼴깍 넘어갔다.

혼자 오도카니 앉아 있는 그 손님에게 자꾸 눈길이 갔다. 손님은 양손에 가위와 집게를 들고 조심스럽게 쥐포를 자르고 있었다. 가지런히 잘린 쥐포 하나에 맥주 한 모금, 그리고 만족한 듯 이어지는 미소와 함께 천천히 주변을 살피는 눈길. 손님은 핸드폰도 한 번 꺼내지 않았다. 온전히 그 시간에 머물러 있었다. 자신과 보내는 시간이 저렇게도 여유로울 수 있다니. 나도 혼술 한 번 도전해 봐?

혼술은 처음이라 마음의 준비가 필요했다. 마침 날씨가 화창한 토요일 오후라 미뤄뒀던 세차부터 시작했다. 비가 와서, 카드가 없어서, 할인권이 없어서 등등. 수많은 핑계로 석 달째 세차를 미루고 있던 중이었다. 기계 세차기 안에서 까만 구정물이 흘러내리는 앞 유리를 보고 있자니 마음도 개운해지는 듯했다. 뭐가 되었든 시작이 어려운 법이고, 막상 해보면 이렇게 별거 아니라며 다가올 첫 도전에 의지를 불태웠다.

   세차 후엔 서점으로 달려갔다. 혼자 시간을 보내기에 서점만큼 좋은 곳이 없다. 대부분 혼자 온 사람들이기 때문에 그 분위기에 자연스럽게 스며들기 좋다. 며칠 전 맥주 가게 손님처럼, 익숙한 듯 망설임 없이 걸음을 옮겼다. 즐겨 읽는 에세이 코너, 인문학과 철학 책들이 누워있는 코너, 사람이 거의 없는 구석 쪽 자리가 머릿속에 지도처럼 펼쳐졌다. 익숙함에 좋아하는 것들이 더해지니 더할 나위 없이 편안했다. 숨을 죽인 백색 소음과 적당한 템포의 음악에 꾸벅꾸벅 졸기도 하며 한 시간의 독서 시간을 채웠다. 그렇게 할당량을 채우고, 핸드폰을 꺼냈다. 마침 내가 좋아하는 라이언 고슬링의 영화가 개봉했다. 영화를 예매하고 마트에 가서 홈런볼과 웰치스 포도를 샀다. 영화관과, 좋아하는 배우와, 최애 간식의 조합이라니. 신이 나서 마음속으로 발을 동동 굴렸다.

   영화를 보고 나오니 어느새 날이 어두워져 있었다. 집으로 돌아와 차를 주차해 놓고 핸드폰을 꺼냈다. 본격적인 혼술 계획 짜기에 돌입했다. 몇 가지 조건이 있었다. 집 근처일 것, 바테이블이 있는 아늑하고 작은 가게일 것.

차 안에 앉아 '이자카야 혼술'이라고 검색해 보니 딱 들어맞는 곳이 한 곳 있었다. 지도를 확인하니 대충 위치를 알 것 같았다. 집에서 5분도 안 되는 거리였다.

번화가에서 살짝 벗어난 외진 골목으로 몇 걸음 들어가니 노란색 조명이 어두운 길을 밝히고 있었다. 작은 가게였다. 통창 너머로 안을 살피니 가게 내부가 한눈에 들어왔다. 오픈형 주방을 따라 바테이블이 있고, 젊은 커플과 중년 남성 2명이 있었다. 용기를 내 가게 문을 열었다. 사장님은 익숙한 듯 동행자 여부를 묻지도 않고 자리를 안내해 주었다.

미리 계획한 대로 야키토리 오마카세 3종과 산토리 생맥주를 주문했다. 어떤 꼬치가 나올지 모른다는 것마저 오늘의 모험과 닮아 있었다. 산토리 생맥주와 함께 양배추샐러드가 나왔다. 뿌듯하게 한 번 내려다보고, 이 순간을 기억하기 위해 사진을 두세 장 찍었다. 언젠가 사진첩을 보다가 다시 마주하겠지. 이 순간을.

잘 구워진 닭꼬치 3개가 소담한 접시에 가지런히 놓였다. 각각 어떤 부위인지 설명을 들었지만 금세 잊어버렸다. 시원한 맥주 한 모금에 닭꼬치 한입, 그리고 주변을 둘러보았다. 젊은 커플은 사이좋게 속닥이고 있었고 중년 남성들은 직장 이야기를 나누는 듯했다. 나는 그들 사이 한자리를 차지한 작은 섬 같았다. 어색함을 감추려 핸드폰에서 전자책을 열었다. 활자 사이로 숯불 향이 스며들고, 간간이 들려오는 대화에 페이지는 더디게 넘어갔다. 그래도 괜찮았다. 닭꼬치를 씹으면 배어 나오는 육즙과 시원한 맥주 한 모금에 외로움도 눈치도 어색함도 녹아내렸다.

혼자였지만 전혀 부족하지 않았다. 오히려 혼자라서 모든 맛이 더 선명하게 느껴졌다. 가게의 아늑한 온기 덕분인지 술이 한 잔 들어가서인지 모르겠다. 낯선 감정은 사라지고 기분도 마음도 말랑해졌다. 안주를 추가하고 하이볼도 한 잔 시켰다. 닭꼬치 위로 반질거리는 기름을 바라보다 문득 생각했다.

'아, 나 지금 꽤 괜찮게 놀고 있네.'

기분 좋게 취해 집으로 돌아왔다. 양말을 벗고 그대로 바닥에 누웠다. 배는 부르고 기분은 좋고.

'혼술 괜찮네. 다음엔 어디 가서 혼자 놀아볼까? 와인 바? 고기 뷔페?'

백소정

커피 예찬

"크림 아메리카노 나왔습니다."

둥글고 긴 컵 표면에 하얀 크림이 정갈하면서도 아슬아슬하게 담겨있다. 크림이 서서히 떨어지며 커피와 섞여 여러 갈래의 그러데이션을 만들었다. 침을 꼴깍 삼켰다. 숨을 한번 내뱉은 뒤 빨대로 쭉 들이켰다.

"아, 이 맛이야!"

단단히 쌓여 있던 피로가 풀리는 것 같았다. 이걸 마시기 위해 일주일 내내 피곤했나 싶었다. 부드러운 크림의 고급스러운 단맛과 고소한 커피의 조합이 만든 환상적인

라테는 다른 어디에서도 맛볼 수 없었다. 오직 사장님의 특제 크림과 직접 볶은 원두의 컬래버로만 탄생할 수 있으니까.

'RAINBOW FISH'
처음 이곳을 찾은 건 아메리카노가 간절했던 몇 해 전 여름이었다. 정확히는 '아이스 아메리카노'. 입을 상쾌하게 씻어줄 무언가가 필요했다. 가수 10CM는 순댓국을 먹고 아메리카노를 찾았지만 나는 지독히도 맛없는 밀면을 먹고 입을 헹구고 싶었다. 한낮에 자전거로 땡볕을 뚫고 땀을 뻘뻘 흘리며 찾아간 부산밀면 전문점이었건만, 정체성을 잃은 밀면이 냉면도 국수도 아닌 채로 낯선 도시에서, 아니 내 젓가락 사이에서 표류하다 끝내 그릇 속으로 영원히 가라앉았다.

"아메리카노가 필요해. 아메리카노!"

그때 발견한 게 바로 이 카페였다. 간판을 보니 커피잔 안에 RAINBOW FISH라는 이름과 물고기 한 마리가 단출하게 그려져 있었다. 검은색 벽과 바닥으로 채워진 카페 안은 홀로 돌아가는 흰색 실링팬과 더불어 시크한 분위기를 풍겼다. 밀면에 입은 내상이 아직도 혀에 남아 있었기에 그리 큰 기대 없이 아이스 아메리카노를 주문했다. 중년의 사장님이 능숙한 솜씨로 커피를 만들어 내밀었다. 커피를 받아 들고 나와 빨대를 입에 갖다 댔다.

음? 갑자기 눈앞이 환해졌다. 난생처음 경험하는 싱그러운 아메리카노였다. 씁쓸하지만 고소하고, 기분 좋은 신맛 사이로 열매 맛이 났다. 열매 맛? 다시 한번 더 들이켰다. 투명하면서도 상큼한 향이 혀끝을 스쳤다.

뒤를 돌아봤다. 내가 다녀온 곳이 보통 카페가 아님을 깨달았다. 그제야 '커피 볶는 집'이라고 적힌 입간판이 눈에 들어왔다. 한 모금 더 마셨다. 입안에 풍미가 가득 퍼졌다. 아메리카노가 이렇게 다채로운 맛을 품고 있을 거라곤 생각지도 못했다. 이제껏 급식으로만 안동찜닭을 먹다가 안동의 10대손 종갓집 며느리가 갓 잡은 닭으로 만든 찜닭을 먹은 느낌이 이런 걸까 싶었다.

그때부터 조금씩 커피와 친해졌다. 핸드 드립 세트를 집에 들여오면서 처음으로 원두를 샀고, 커피를 내릴 때 하얀 거품이 올라오면 묘한 기쁨에 사로잡혔다. 신맛을 싫어하는 내가 어느덧 산미 있는 원두에 익숙해졌고 여행을 갈 땐 괜히 로스터리 카페를 찾아다니며 그 골목 풍경을 커피와 함께 기억하게 됐다.

직장에서 일이 안 풀린다 싶을 때는 아껴둔 드립백 커피를 뜯어 향을 맡은 뒤 갓 내린 커피를 마셨다. 커피를 마신다고 안 되던 일이 갑자기 잘 되는 건 아니었다. 커피를 마시며 잠시 숨을 고르면 조금은 더 길게 버틸 수가 있었다.

이후로 우리 동네에서 나와 커피를 마셨던 사람들 대부분이 이곳을 거쳐 갔다. 대학 동기, 전 남자친구, 전 소개팅남, 직장동료, 그리고 지금의 남편까지. 모두에게 이곳을 알리고 싶었다. 동네 사람들, 여기가 진짜 커피를 파는 곳이에요!

레인보우 피시는 동화책에서 따온 이름이었다. 홀로 빛나던 물고기가 반짝이는 비늘을 친구들에게 하나씩 나눠주고 모두가 함께 반짝이며 아름다운 바다가 되었습니다로 끝나는 동화 『무지개 물고기』. 사장님은 그 물고기처럼 살고 싶어서 카페 이름을 레인보우 피시로 지었다고 했다.

크림 아메리카노를 금세 다 마셨다. 아끼며 마셨는데도 벌써 바닥을 드러냈다. 잔을 반납하며 집에서 마실 아리차

내추럴을 주문했다. 사장님이 커피 알이 가득 담긴 원통의 뚜껑을 열어 하얀 봉투에 진한 갈색빛 원두를 옮겨 담았다. 고소한 냄새가 가게 안에 퍼졌다. 가슴이 두근거렸다. 이 커피 향기를 우리 집에서 곧 맡을 수 있으리라!

오전 열한 시, 정신없는 아침을 보내고 나면 커피 한 잔이 간절하다. 며칠 전에 산 아리차 봉투를 열자 갓 볶은 원두 향이 부드럽게 퍼진다. 설렌다. 커피를 즐기는 건 여기서부터 시작이다. 커피가 내게 오는 기쁨을 오감으로 만끽한다. 커피머신에서 원두가 갈리는 상쾌한 소리, 고소하고 새콤한 열매 향, 혀끝에 감도는 단맛, 마음을 데우는 잔의 온기, 그리고 까만 표면에 일렁이는 반사된 빛까지.

늘 같은 자리에 마주 앉는 이에게 갓 내린 커피를 건넨다. 그가 기대하는 눈빛으로 커피를 받아 든다. 커피를 천천히 한 모금 마시자, 입가에 미소가 번진다. 반짝. 그의 미소에 나도 얼굴이 환해진다.

무지개 물고기가 눈부신 비늘을 여기에도 두고 간 걸까. 나란히 놓인 잔 속에서 흔들리는 까만 빛이 오늘따라 유난히 반짝인다.

권
혜
린

한 스푼의 행복

매주 주말 아침이 되면 침대를 뒹굴며 진지한 고민에 빠진다.

'아, 오늘 뭐 먹지?'

매일 하는 이 고민이 조금 더 특별해지는 이유는, 주말 아침은 장보기부터 시작해, 재료 손질과 요리까지 다 직접 하기로 스스로와 약속했기 때문이다. 그렇기에 입맛이 당기면서도 내가 만들 수 있는 요리, 그러면서도 먹고 나서 꽤 기분이 좋아질 수 있는 요리를 떠올려야 한다. 평일에는 바쁘다는 핑계로 빵이나 두유로 대충 끼니를 때우거나, 인스턴트 음식으로 끼니를 해결하는 나 자신에게 선물하는 소소한 여유이기도 하다. 무엇을 먹고 싶은지, 어떤 요리를 하고 싶은지 느긋한 고민 끝에 반짝하고 아이디어가 떠올랐다.

'당근 수프!'

먹으면 따뜻하게 몸이 데워지고 속이 편안해지는 당근 수프는 내가 가장 좋아하는 음식이다. 마음에 온기를 더하는 그 맛 때문에 왠지 모르게 우울하거나 몸이 으슬으슬할 때 제일 먼저 생각나는 음식이기도 하다. 고소하고 달큰한 당근 수프를 떠올리니 입맛이 확 돈다. 벌떡 일어나 오늘은 너로 정했다고 외치며 에코백 하나를 달랑 들고 집을 나섰다.

자주 들르는 채소 가게는 늘 그렇듯 사람들로 붐볐다. 물가 상승이 이곳만 피해 간 건 아닌가 싶을 만큼 저렴하고 신선한 식재료가 가득하다. 그래서일까. 온 동네 사람들이 이곳에서 장을 보는 것 같다. 쩌렁쩌렁한 목소리로 "바나나 삼천 원!"을 외치는 아저씨와 바구니에 과일을 주워 담는 할머니들. "잠시만요!"를 외치며 그 정신없는 틈바구니를 비집고 당근을 담고 있자니 웃음이 났다. 아침부터 이렇게 정신없이 장을 보는 게 웃기기도 하고, 사람들과 평범한 하루를 함께하고 있다는 사실이 썩 편안하게 느껴져서였다. 아는 사람 하나 없이 올라온 서울은 늘 낯설고 외로운 곳이었는데, 이곳만큼은 '여기도 다 사람 사는 곳이구나'하는 정겨운 느낌이랄까.

당근, 양파, 캐슈너트, 망고와 딸기까지. 평소에는 잘 쓰지도 않는 꼬깃꼬깃한 현금을 들고 과일과 채소를 잔뜩 사면 마치 부자가 된 것 같다. 식재료들로 가득 찬 가방과 아침부터 뭔가 해낸 것 같은 성취감. 이 소소한 충만함이 주말 아침을 특별하게 만든다.

낑낑대며 들고 온 식재료를 깨끗이 물에 씻고 한숨 돌리면, 이제 만반의 준비가 끝난 것이다. 새하얀 도마와 칼, 그리고 주황빛 당근이 눈앞에 놓였다. 마치 흰 도화지를 눈앞에 두고, 무엇을 그릴지 떠올리는 사람처럼 가만히 요리 순서를 되짚어 본다. 머릿속에 완성된 당근 수프가 그려지면, 천천히 칼질을 시작한다.

사각이는 칼질 소리와 함께 당근을 썰다 보면 마음이 차분히 가라앉는다. 요리 중엔 다른 생각이 들어올 틈이 없다. 자칫하면 다칠 수 있는 칼질과 섬세하게 신경 써야 하는 불 조절까지. 눈앞에 놓인 것에 집중하다 보면 잡념이 모두 사라진다.

고요한 마음으로 오직 나만을 위해 무언가를 만드는 시간. 아무도 재촉하는 법 없고, 틀렸다고 뭐라고 할 사람도 없다. 재료가 없으면 없는 대로, 실패하면 실패한 대로 나름 수습해 가며 완성한다. 먹기 싫은 재료는 과감히 빼버리고, 좋아하는 건 많이 손질한다. 이렇게 편파적이고 내 마음대로 할 수 있는 이 작은 도마 위가 참 좋다.

칼질을 끝내고, 손질된 당근과 양파를 푹 익히면 먹음직스러운 냄새에 침이 고인다. 익힌 채소를 곱게 블렌더로 갈고, 새하얗고 부드러운 캐슈너트 크림까지 넣어주니 예쁜 노랑 빛이 감돈다. 당근을 싫어하는 나조차도 푹 빠지게 만든 그 한 스푼의 행복을 기대하며 조금 서둘러 맛을 본다. 은은한 단맛과 자꾸만 손이 가는 고소함, 딱 생각했던 그 맛에 신나서 웃음이 났다. 금빛 테두리가 둘러진 새하얀 그릇에 수프를 조심스럽게 담고, 후추로 감칠맛을 더해주면 눈도 입도 즐거운 요리가 완성된다. 예쁘게 세팅한 후 마치 식당에 온 것처럼, 설레는 마음으로 사진도 한 장 남겨본다. 아침 식사 한 번에 꽤 많은 수고와 정성이 들었지만, 마음이 채워지는 이 기분에 계속 요리를 하게 된다.

남의 말에 먼저 귀 기울이느라 지친 한 주, 나를 챙기지 못한 마음의 빈틈에 따뜻한 행복이 스며든다. 정성껏 차린 한 끼, 그 안에 담긴 애정에 마음속 허기도 잔잔히 가라앉는다. 한 스푼의 따뜻함이면 충분한 이 주말 아침의 여유를 언제까지나 누리고 싶다.

에필로그

커튼을 젖히고, 창문을 여니 어느덧 더운 바람이 얼굴을 간질인다. 밖을 내다보니 투명한 하늘과 따가운 햇빛에 살풋 눈이 찡그려졌다. 처음 이 책을 쓸 때만 해도 날이 꽤나 추웠는데, 벌써 여름이 다가왔다. 계절이 바뀌는 동안에도, 하루는 여전하게 흘러가고 있었다.

 이 책을 쓰며 참 오랫동안 삶을 들여다보았다. 그리고 그 기억들을 조용히 곱씹을 때면, 다양한 맛이 느껴졌다. 얼굴을 흠뻑 적신 어느 날의 눈물은 너무 짰고, 누군가의 따스한 온기와 사랑은 혀끝이 아릴 듯 달았다. 실패의 씁쓸함은 얼른 입안을 헹구고 싶게 만들었고, 삶에 숨통을 트여준 추억들은 자꾸만 맛보고 싶은 것들이었다. 잊고 싶지만 잊혀지지 않던 기억도, 너무 좋아서 잠들기 전 떠올려보던 기억도 그렇게 모두 삶에 스며 있었다.

일곱 명의 삶을 이어 붙인 이 책은 그 모든 순간의 맛을 담았다. 아마도 우리 모두 어딘가에서 한입씩 베어 문 순간일 것이다. 누군가는 행복한 한 입을, 누군가는 무기력한 밤을 떠올렸을지도 모른다. 어쩌면 당신의 하루와도 겹쳐졌을 기억의 조각이, 아주 잠깐이라도 숨을 고르는 데 도움이 되었으면 좋겠다. 그렇게 이어진 글이, 서로의 삶에 작은 맛 하나쯤 남겨줄 수 있기를 바란다.

인생은 매일 다르게 구워지는 달고나 같다.
새까맣게 타버려 실망하다가도,
자꾸만 맴도는 그 단맛에 다시 구워보는 것 아닐까.

쌉쌀한 탄 맛 끝에
그 모든 걸 잊게 만드는 달콤함이 있다.

어쩌면 그 단맛은 시간이 조금 더 흐른 뒤에야
비로소 느껴지는 것인지도 모른다.

인생, 쓰고 나면… 정말이지, 달고나.

인생 쓰고 나면 달고나

초판 1쇄 발행	2025년 8월 20일
지은이	권혜린, 백소정, 손혜미, 안지혜, 정유진, 지우, 해나
펴낸이	손혜정
펴낸곳	이월오일
출판등록	제2025-000007호(2025년 2월 5일)
전자우편	iworoilbooks@gmail.com
인스타그램	www.instagram.com/iworoil
편집	손혜정
디자인	손혜정
제작	삼공프린팅
물류	(주)지필미디어
ISBN	979-11-991912-0-4(03810)

이 책의 판권은 지은이와 이월오일에 있습니다.
이 책의 내용을 재사용하려면 양측의 서면 동의를 받아야 합니다.
잘못된 책은 구입하신 서점에서 교환해드립니다.